초등필수
영단어

교육부 지정 초등필수 영단어 1·2학년용

지은이 초등교재개발연구소
펴낸이 임상진
펴낸곳 (주)넥서스

출판신고 1992년 4월 3일 제311-2002-2호 ⑪
10880 경기도 파주시 지목로 5
Tel (02)330-5500 Fax (02)330-5555

ISBN 979-11-5752-875-2 64740
979-11-5752-874-5 (SET)

가격은 뒤표지에 있습니다.
잘못 만들어진 책은 구입처에서 바꾸어 드립니다.

www.nexusEDU.kr

교육부 지정

초등필수 영단어

1-2 학년용

NEXUS Edu

교육부 지정

초등필수 영단어

보고, 듣고, 읽고, 쓰면서 외우는

감각적 단어 암기장

- 최신 교육 과정에 따른 초등학교 권장 어휘 798개를 포함한 총 900개의 어휘로 구성
- 일상 생활, 학교 생활 속에서 만날 수 있는 토픽별 단어
- 그림으로 단어 익히고 패턴 연습으로 문장 암기
- 재미있게 암기할 수 있도록 단어 게임 수록
- 여러 가지 문제를 풀면서 꼼꼼하게 확인 또 확인
- 워크북으로 쓰고 들으면서 꼼꼼하게 마무리
- 총 3권의 책을 통해 900개 초등 기본 어휘를 철저하게 암기
- 총3권, 각 권별 30 Day, 각 Day별 10개의 단어
- 하루에 부담 없이 10개의 단어만 암기하면 30일 후에는 300개, 3달 후에는 900개의 초등 필수 어휘를 모두 암기 UP!

단어와 이미지가 함께 머릿속에!!

- 이미지 연상법을 통한 재미있는 어휘 학습
- 보고, 듣고, 쓰면서 저절로 어휘 암기

이미지 단어 암기 활용법

① 영어 단어와 우리말 뜻을 가리고, 그림이 표현하는 단어를 생각해 보세요.
② 우리말 뜻을 가리고 영어 단어의 뜻을 말해 보세요.
③ 단어를 들으며 따라 읽어 보세요.
④ 단어를 읽으면서 빈칸에 세 번 써 보세요.

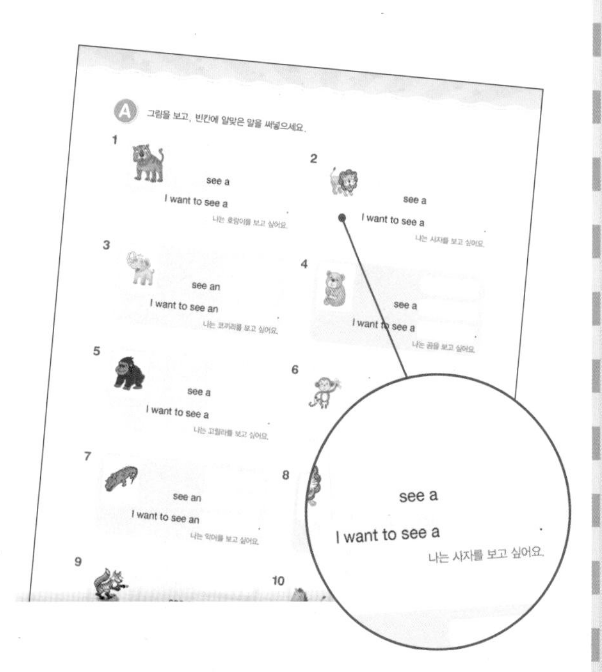

패턴 연습으로 문장까지 쏙쏙 암기!!

- 단어 암기는 물론, 문장 암기는 덤
- 반복적인 패턴 연습으로 말하기까지 가능
- 문장을 통해 어휘의 쓰임도 파악

패턴 연습 활용법

① 우리말 뜻을 확인하고 빈칸을 채워 보세요.
② 패턴의 확장 과정을 익혀 보세요.
③ 주어진 패턴 부분을 가린 후 우리말 뜻을 보고 암기해 보세요.
④ 주어진 패턴으로 활용할 수 있는 다른 문장을 생각해 보세요.

다양한 게임으로 공부와 재미를 한번에!!

- B: 두 가지 게임 유형이 번갈아 나와 흥미 유발
- C: 친구들이 좋아하는 크로스워드 퍼즐 게임

게임 활동 활용법

① 시간제한을 두거나, "누가 누가 빨리하나" 경쟁하며 풀어보게 하세요.

② 다 푼 교재는 단어장 카드로 만들어 활용하세요. 900단어 암기 카드가 완성됩니다.

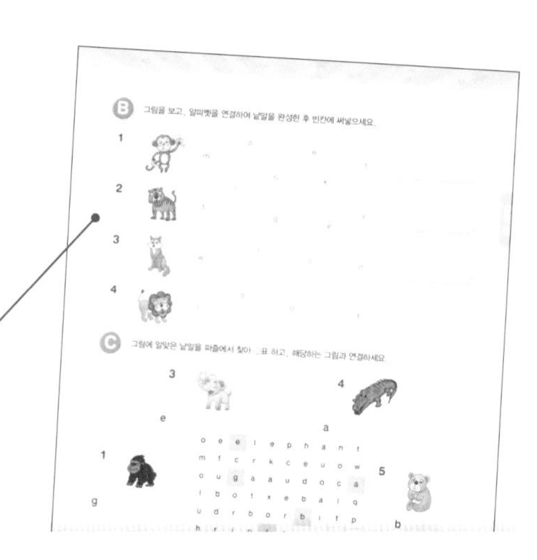

★ Word Connecting

① 그림을 보고, 흩어진 알파벳을 연결하여 그림에 딱 맞는 단어를 찾아보세요.

② 주어진 첫 번째 알파벳과 마지막 알파벳을 이용해 그림에 맞는 단어를 알파벳 순서대로 연결해 보세요.

★ Word Scramble

① 그림을 보고, 주어진 알파벳을 순서대로 배열해 보세요.

② 주어진 알파벳과 똑같은 색깔의 동그라미를 찾아 한 칸에 하나씩 알파벳을 써 넣으면 하나의 단어를 완성할 수 있어요.

★ Crossword Puzzle

① 그림과 주어진 첫 번째 알파벳을 이용해 단어를 찾아보세요.

② 왼쪽, 오른쪽, 위, 아래, 대각선으로 어디든지 뻗어 나갈 수 있어요. 첫 번째 알파벳을 중심으로 주변을 잘 살펴보며 단어를 연결해 보세요.

단어 고르기와 빈칸 채우기 문제로 또 복습!!

- D: 한글 문장을 읽고, 괄호 안의 알맞은 단어 고르기
- E: 주어진 단어를 활용해 질문에 답하거나, 빈칸 채우기

D 문장을 읽고, 알맞은 단어에 ○표 하세요.

1 The (elephant / zebra) has stripes.
2 The (fox / tiger) is in the forest.
3 The (lion / wolf) is in the cage.
4 The (gorilla / zebra) eats fruits.
5 The (tiger / monkey) likes eating bananas.
6 He met a (bear / fox) in the forest.
7 The boy is looking at the (monkey / fox).
8 The (alligator / bear) lives in the river.

단어 고르기 문항 활용법

① 각 문항의 한글 문장을 읽고, 영어 문장을 읽어 보세요.
② 영어 문장의 괄호 안에서 한글 문장에 맞는 단어를 골라 ○표 하세요.
③ 10개의 문항을 모두 확인한 후, 다시 한 번 영어 문장을 읽어 보세요.

빈칸 채우기 문항 활용법

① 앞에서 학습한 10개의 단어가 오른쪽에 제시되어 있어요.
② 이 10개의 단어를 활용해, 주어진 질문에 자신의 생각을 답하거나 빈칸을 채워 보세요.
③ 5개의 문항을 모두 확인한 후, 다시 한 번 영어 문장을 읽어보세요.

E 주어진 단어를 활용해 문장을 완성해 보세요.

I think the ________ is cute.
I think the ________ is scary.
I think the ________ is strong.
I saw a(n) ________ this year.
I want to keep a(n) ________.

Wild animals
- tiger
- lion
- elephant
- bear
- gorilla
- monkey
- alligator
- wolf
- fox
- zebra

56

워크북

쓰기 연습과 문제풀이로 마무리!!

① 따로 공책이 필요 없이 직접 쓰면서 암기하면 절대 잊어버리지 않아요.
② 영단어 찾기 문항과 음원을 듣고 받아쓰기 문항으로 한 번 더 복습해요.

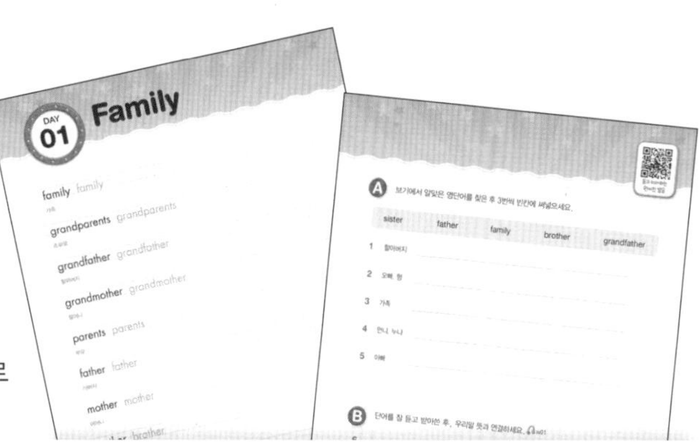

DAY 01 Family

family family
grandparents grandparents
grandfather grandfather
grandmother grandmother
parents parents
father father
mother mother
brother

A 보기에서 알맞은 영단어를 찾은 후 3번씩 빈칸에 써넣으세요.

sister father family brother grandfather

1
2
3
4
5

B 단어를 잘 듣고 받아쓴 후, 우리말 뜻과 연결하세요.

정답 및 MP3 음원 다운로드 : www.nexusbook.com

contents

책 뒤편에 워크북이 들어있어요.

(학습 캘린더)

암기한 단어를 체크하고,
빈칸에 알맞은 뜻을 써 보세요.

Day 01 ☆ 가족

- ☐ family ________
- ☐ grandparents ________
- ☐ grandfather ________
- ☐ grandmother ________
- ☐ parents ________
- ☐ father ________
- ☐ mother ________
- ☐ brother ________
- ☐ sister ________
- ☐ together ________

Day 02 ☆ 인사

- ☐ hi ________
- ☐ nice ________
- ☐ bye ________
- ☐ good ________
- ☐ morning ________
- ☐ afternoon ________
- ☐ evening ________
- ☐ night ________
- ☐ fine ________
- ☐ okay ________

Day 03 ☆ 숫자

- ☐ one ________
- ☐ two ________
- ☐ three ________
- ☐ four ________
- ☐ five ________
- ☐ six ________
- ☐ seven ________
- ☐ eight ________
- ☐ nine ________
- ☐ ten ________

Day 04 ☆ 나와 우리

- ☐ I ________
- ☐ you ________
- ☐ he ________
- ☐ she ________
- ☐ we ________
- ☐ they ________
- ☐ it ________
- ☐ this ________
- ☐ that ________
- ☐ everyone ________

Day 05 ☆ 얼굴

- ☐ face ________
- ☐ eyebrow ________
- ☐ eye ________
- ☐ nose ________
- ☐ ear ________
- ☐ mouth ________
- ☐ lip ________
- ☐ tooth ________
- ☐ cheek ________
- ☐ chin ________

Day 06 ☆ 몸, 신체

- ☐ hair ________
- ☐ head ________
- ☐ neck ________
- ☐ shoulder ________
- ☐ arm ________
- ☐ hand ________
- ☐ finger ________
- ☐ leg ________
- ☐ foot ________
- ☐ toe ________

Day 07 ☆ 애완동물

- ☐ pet ________
- ☐ dog ________
- ☐ cat ________
- ☐ rabbit ________
- ☐ bird ________
- ☐ fish ________
- ☐ turtle ________
- ☐ frog ________
- ☐ snake ________
- ☐ hamster ________

Day 08 ☆ 음식

- ☐ rice ________
- ☐ bread ________
- ☐ jam ________
- ☐ sandwich ________
- ☐ cheese ________
- ☐ butter ________
- ☐ tea ________
- ☐ milk ________
- ☐ juice ________
- ☐ water ________

Day 09 ☆ 과일

- ☐ apple ________
- ☐ pear ________
- ☐ peach ________
- ☐ orange ________
- ☐ grape ________
- ☐ strawberry ________
- ☐ banana ________
- ☐ kiwi ________
- ☐ lemon ________
- ☐ watermelon ________

Day 10 ☆ 야채

- ☐ tomato ________
- ☐ carrot ________
- ☐ potato ________
- ☐ sweet potato ________
- ☐ corn ________
- ☐ onion ________
- ☐ bean ________
- ☐ cabbage ________
- ☐ cucumber ________
- ☐ pumpkin ________

Day 11 ☆ 농장 동물

- ☐ horse ________
- ☐ rooster ________
- ☐ hen ________
- ☐ sheep ________
- ☐ cow ________
- ☐ goat ________
- ☐ duck ________
- ☐ goose ________
- ☐ pig ________
- ☐ mouse ________

Day 12 ☆ 야생 동물

- ☐ tiger ________
- ☐ lion ________
- ☐ elephant ________
- ☐ bear ________
- ☐ gorilla ________
- ☐ monkey ________
- ☐ alligator ________
- ☐ wolf ________
- ☐ fox ________
- ☐ zebra ________

Day 13 ☆ 모습

- ☐ new ________
- ☐ ugly ________
- ☐ tall ________
- ☐ fat ________
- ☐ pretty ________
- ☐ beautiful ________
- ☐ heavy ________
- ☐ light ________
- ☐ bright ________
- ☐ dark ________

Day 14 ☆ 색깔

- ☐ red ________
- ☐ blue ________
- ☐ yellow ________
- ☐ green ________
- ☐ purple ________
- ☐ pink ________
- ☐ brown ________
- ☐ gray ________
- ☐ black ________
- ☐ white ________

Day 15 ☆ 옷

- □ clothes ________
- □ shirt ________
- □ blouse ________
- □ skirt ________
- □ dress ________
- □ pants ________
- □ jeans ________
- □ jacket ________
- □ socks ________
- □ shoes ________

Day 16 ☆ 감정

- □ happy ________
- □ sad ________
- □ glad ________
- □ angry ________
- □ bored ________
- □ excited ________
- □ sorry ________
- □ thank ________
- □ love ________
- □ hate ________

Day 17 ☆ 학교

- □ school ________
- □ class ________
- □ teacher ________
- □ student ________
- □ friend ________
- □ blackboard ________
- □ chalk ________
- □ desk ________
- □ chair ________
- □ absent ________

Day 18 ☆ 학용품

- □ bag ________
- □ pencil ________
- □ book ________
- □ textbook ________
- □ paper ________
- □ eraser ________
- □ ruler ________
- □ cutter ________
- □ scissors ________
- □ glue ________

Day 19 ☆ 자연

- □ sun ________
- □ moon ________
- □ star ________
- □ sky ________
- □ mountain ________
- □ land ________
- □ tree ________
- □ river ________
- □ lake ________
- □ sea ________

Day 20 ☆ 날씨

- □ hot ________
- □ cold ________
- □ warm ________
- □ cool ________
- □ sunny ________
- □ cloudy ________
- □ foggy ________
- □ windy ________
- □ rainy ________
- □ snowy ________

Day 21 ☆ 직업

- □ cook ________
- □ doctor ________
- □ nurse ________
- □ scientist ________
- □ farmer ________
- □ police officer ________
- □ writer ________
- □ artist ________
- □ musician ________
- □ model ________

Day 22 ☆ 스포츠, 운동

- □ soccer ________
- □ baseball ________
- □ basketball ________
- □ volleyball ________
- □ table tennis ________
- □ tennis ________
- □ boxing ________
- □ inline skates ________
- □ skate ________
- □ ski ________

Day 23 ☆ 교통

- □ road ________
- □ bicycle ________
- □ motorcycle ________
- □ car ________
- □ bus ________
- □ truck ________
- □ subway ________
- □ train ________
- □ ship ________
- □ airplane ________

Day 24 ☆ 집

- □ house ________
- □ roof ________
- □ window ________
- □ door ________
- □ room ________
- □ living room ________
- □ bedroom ________
- □ bathroom ________
- □ kitchen ________
- □ elevator ________

Day 25 ☆ 거실

- □ curtain ________
- □ sofa ________
- □ table ________
- □ newspaper ________
- □ radio ________
- □ television ________
- □ telephone ________
- □ picture ________
- □ clock ________
- □ floor ________

Day 26 ☆ 침실

- □ bed ________
- □ pillow ________
- □ blanket ________
- □ lamp ________
- □ closet ________
- □ drawer ________
- □ globe ________
- □ computer ________
- □ photo ________
- □ fan ________

Day 27 ☆ 욕실

- □ mirror ________
- □ soap ________
- □ shampoo ________
- □ comb ________
- □ toothbrush ________
- □ toothpaste ________
- □ bathtub ________
- □ toilet ________
- □ shower ________
- □ towel ________

Day 28 ☆ 부엌

- □ spoon ________
- □ fork ________
- □ knife ________
- □ chopsticks ________
- □ plate ________
- □ cup ________
- □ kettle ________
- □ stove ________
- □ sink ________
- □ refrigerator ________

Day 29 ☆ 물건

- □ ball ________
- □ doll ________
- □ toy ________
- □ box ________
- □ ribbon ________
- □ umbrella ________
- □ key ________
- □ vase ________
- □ glasses ________
- □ ring ________

Day 30 ☆ 행동

- □ go ________
- □ come ________
- □ meet ________
- □ stop ________
- □ stand ________
- □ sit ________
- □ open ________
- □ close ________
- □ like ________
- □ have ________

Family 가족

듣고 따라하는 원어민 발음

 그림을 보며 단어를 익힌 후, 빈칸에 단어를 따라 써 보세요. 01

family
가족

grandparents
조부모

grandfather
할아버지
= grandpa

grandfather

grandmother
할머니
= grandma

grandmother

parents
부모

parents

father
아버지
= daddy = dad

father

mother
어머니
= mommy = mom

mother

brother
오빠, 형, 남동생(남자형제)

sister
언니, 누나, 여동생(여자형제)

together
함께, 같이

together

그림을 보고, 빈칸에 알맞은 말을 써넣으세요.

1

my

This is my .

이 사람들은 우리 가족이에요.

2

my

These are my .

이분들은 나의 조부모님이에요.

3

my

This is my .

이분은 우리 할아버지예요.

4

my

This is my .

이분은 우리 할머니예요.

5

my

These are my .

이분들은 나의 부모님이에요.

6

my

This is my .

이분은 우리 아버지예요.

7

my

This is my .

이분은 우리 어머니예요.

8

my

This is my .

이 사람은 우리 오빠예요.

9

my

This is my .

이 사람은 우리 언니예요.

10

live

We live .

우리는 함께 살아요.

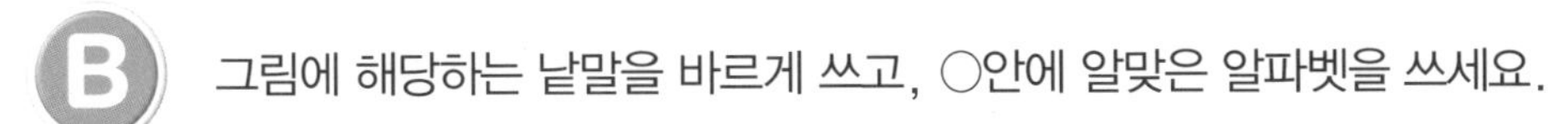

B 그림에 해당하는 낱말을 바르게 쓰고, ○안에 알맞은 알파벳을 쓰세요.

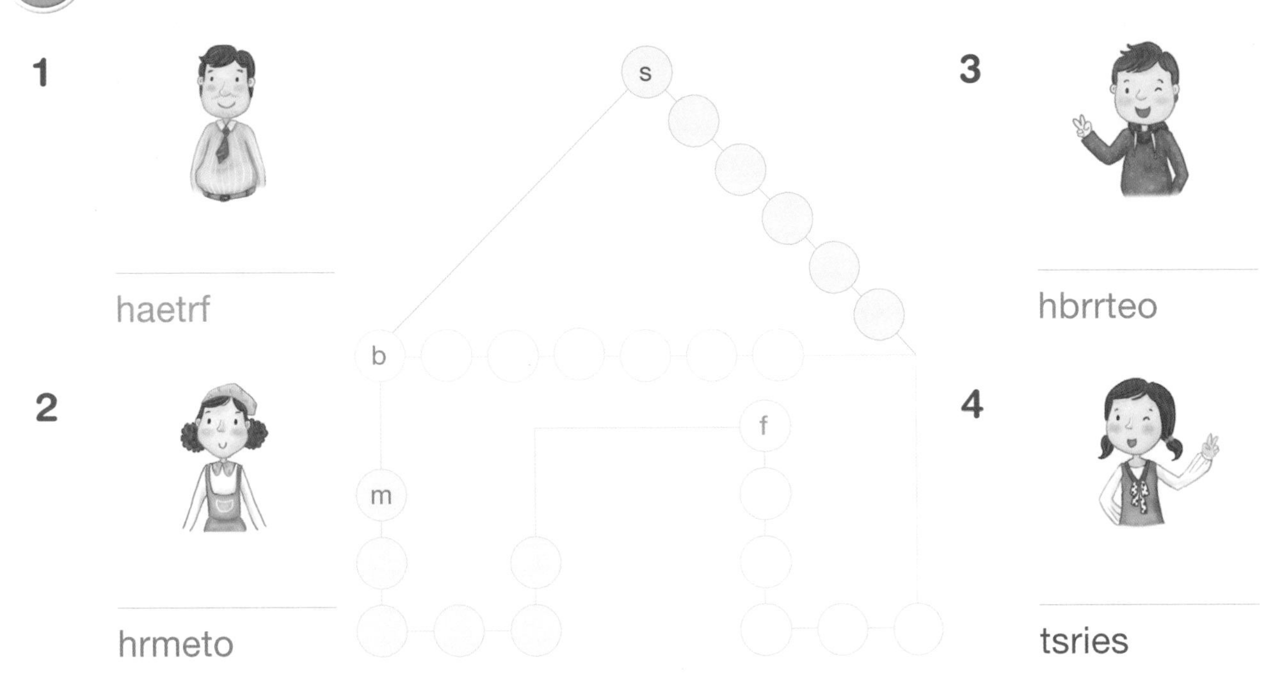

1 haetrf

2 hrmeto

3 hbrrteo

4 tsries

C 그림에 알맞은 낱말을 퍼즐에서 찾아 ○표 하고, 해당하는 그림과 연결하세요.

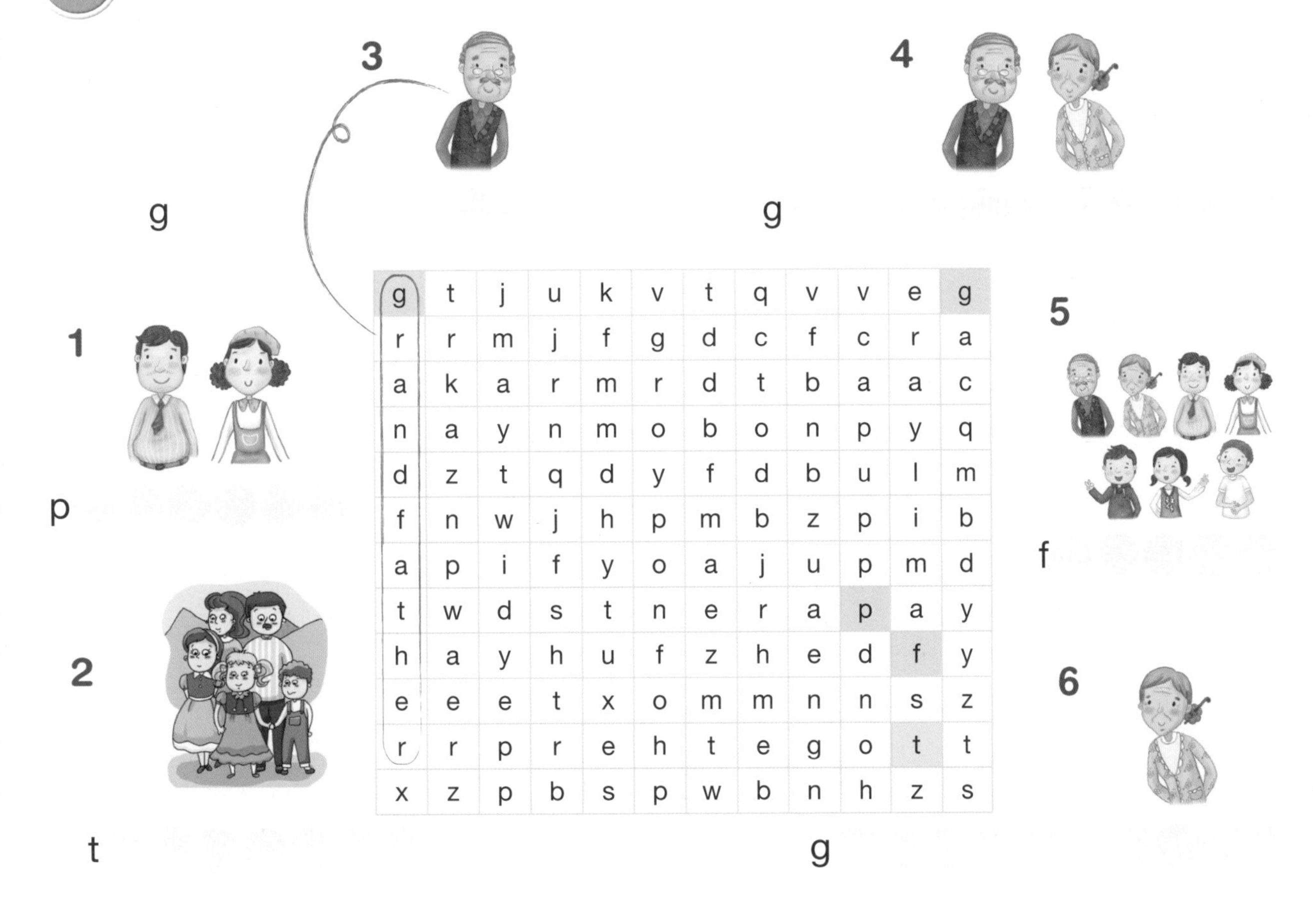

3 g

4 g

1 p

2 t

5 f

6 g

g	t	j	u	k	v	t	q	v	v	e	g
r	r	m	j	f	g	d	c	f	c	r	a
a	k	a	r	m	r	d	t	b	a	a	c
n	a	y	n	m	o	b	o	n	p	y	q
d	z	t	q	d	y	f	d	b	u	l	m
f	n	w	j	h	p	m	b	z	p	i	b
a	p	i	f	y	o	a	j	u	p	m	d
t	w	d	s	t	n	e	r	a	p	a	y
h	a	y	h	u	f	z	h	e	d	f	y
e	e	e	t	x	o	m	m	n	n	s	z
r	r	p	r	e	h	t	e	g	o	t	t
x	z	p	b	s	p	w	b	n	h	z	s

문장을 읽고, 알맞은 단어에 ○표 하세요.

1 My (parents / father) go to church. 우리 부모님은 교회에 가세요.

2 We are a happy (family / parents). 우리는 행복한 가족이에요.

3 My (grandparents / parents) live in the countryside. 우리 조부모님은 시골에 사세요.

4 My (brother / father) plays soccer. 우리 형은 축구를 해요.

5 My (father / grandfather) plays the guitar. 우리 할아버지는 기타를 연주하세요.

6 We sing (together / family). 우리는 함께 노래해요.

7 My (grandmother / mother) eats dinner. 우리 할머니는 저녁을 드세요.

8 My (sister / mother) washes the dishes. 우리 엄마는 설거지를 해요.

9 My (mother / father) reads a book. 우리 아빠는 책을 읽어요.

10 My (grandmother / sister) swims in the pool. 우리 언니는 수영장에서 수영을 해요.

주어진 단어를 활용해 문장을 완성해 보세요.

This is my __________. He is handsome.
우리 가족 중 가장 잘생긴 사람은 누구인가요?

This is my __________. She is pretty.
우리 가족 중 가장 예쁜 사람은 누구인가요?

This is my __________. He is strong.
우리 가족 중 가장 힘이 센 사람은 누구인가요?

This is my __________. She is cute.
우리 가족 중 가장 귀여운 사람은 누구인가요?

I love my __________!
나는 우리 가족이 너무 좋아요!

My family

- family
- grandparents
- grandfather
- grandmother
- parents
- father
- mother
- brother
- sister
- together

Greeting 인사

 그림을 보며 단어를 익힌 후, 빈칸에 단어를 따라 써 보세요. 02

hi
안녕
Hello 안녕하세요, 여보세요.

hi

nice
친절한, 좋은, 반가운

nice

bye
잘 가, 안녕
Goodbye 안녕히 가세요.

bye

good
착한, 좋은

good

morning
아침, 오전

morning

afternoon
점심, 오후

afternoon

evening
저녁

evening

night
밤

night

fine
괜찮은, 좋은

fine

okay
괜찮은

okay

그림을 보고, 빈칸에 알맞은 말을 써넣으세요.

1

, Tom

, Tom! How are you?

안녕, 톰! 어떻게 지내?

2

to meet you

to meet you, James.

만나서 반가워요, 제임스.

3

, Jane

, Jane. See you later.

잘 가, 제인. 나중에 보자.

4

a boy

He is a boy.

그는 착한 소년이에요.

5

good

Good , friend.

좋은 아침이야, 친구야.

6

good

Good , friend.

좋은 오후야, 친구야.

7

good

Good , friend.

좋은 저녁이야, 친구야.

8

good

Good , friend.

잘 자, 친구야.

9

I'm

I'm , thank you.

나는 잘 지내요, 고마워요.

10

is

She is .

그녀는 괜찮아요.

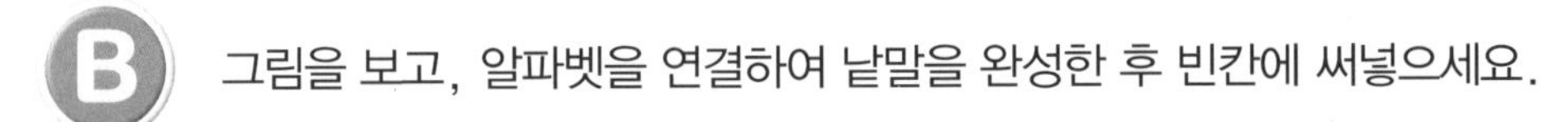
B 그림을 보고, 알파벳을 연결하여 낱말을 완성한 후 빈칸에 써넣으세요.

C 그림에 알맞은 낱말을 퍼즐에서 찾아 ○표 하고, 해당하는 그림과 연결하세요.

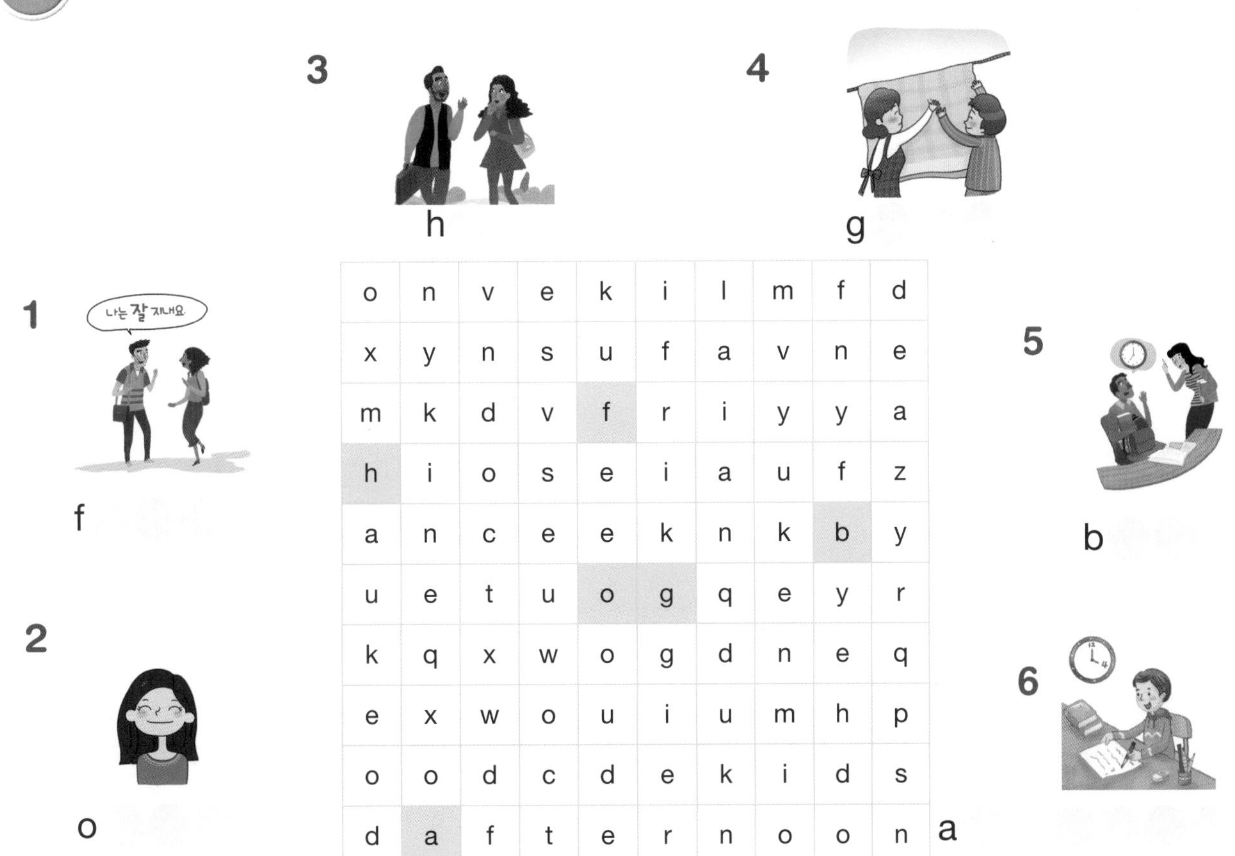

o	n	v	e	k	i	l	m	f	d
x	y	n	s	u	f	a	v	n	e
m	k	d	v	f	r	i	y	y	a
h	i	o	s	e	i	a	u	f	z
a	n	c	e	e	k	n	k	b	y
u	e	t	u	o	g	q	e	y	r
k	q	x	w	o	g	d	n	e	q
e	x	w	o	u	i	u	m	h	p
o	o	d	c	d	e	k	i	d	s
d	a	f	t	e	r	n	o	o	n

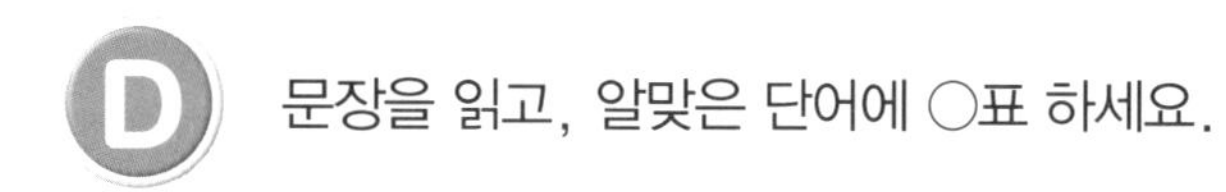

문장을 읽고, 알맞은 단어에 ○표 하세요.

1 Good (fine / evening), Chris. — 좋은 저녁이야, 크리스.

2 The boy said (bye / night). — 소년은 잘 가라고 말했어요.

3 The girl said (hi / bye). — 소녀는 안녕이라고 말했어요.

4 Good (morning / night), Grace. — 잘 자, 그레이스.

5 My teacher is a very (good / afternoon) person. — 우리 선생님은 정말 좋으신 분이에요.

6 Good (morning / evening), Tom. — 좋은 아침이야, 톰.

7 We are (okay / evening). — 우리는 괜찮아요.

8 Good (afternoon / night), Jane. — 좋은 오후야, 제인.

9 They are (morning / fine). — 그들은 잘 지내요.

10 It was (nice / fine) to meet the girl. — 그 소녀를 만나서 반가웠어요.

주어진 단어를 활용해 문장을 완성해 보세요.

I say __________ to my friend.
친구와 헤어질 때 뭐라고 말하나요?

Good __________, my friend.
아침에는 어떻게 인사를 하나요?

Good __________, my friend.
오후에는 어떻게 인사를 하나요?

Good __________, my friend.
저녁에는 어떻게 인사를 하나요?

Good __________, my friend.
자기 전에는 어떻게 인사를 하나요?

Greeting

- hi
- nice
- bye
- good
- morning
- afternoon
- evening
- night
- fine
- okay

Numbers

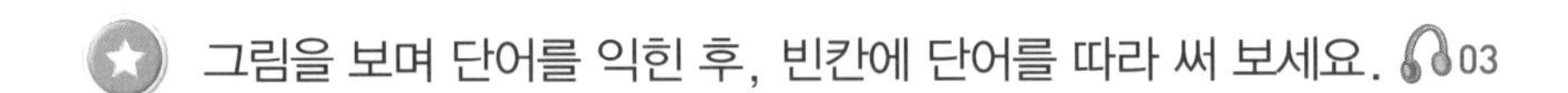

1
one
하나의, 한 개

one

2
two
둘의, 두 개

two

3
three
셋의, 세 개

three

4
four
넷의, 네 개

four

5
five
다섯의, 다섯 개

five

6
six
여섯의, 여섯 개

six

7
seven
일곱의, 일곱 개

seven

8
eight
여덟의, 여덟 개

eight

9
nine
아홉의, 아홉 개

nine

10
ten
열의, 열 개

ten

그림을 보고, 빈칸에 알맞은 말을 써넣으세요.

1 apple

There is apple.

사과 한 개가 있어요.

2 oranges

There are oranges.

오렌지 두 개가 있어요.

3 peaches

There are peaches.

세 개의 복숭아가 있어요.

4 pears

There are pears.

네 개의 배가 있어요.

5 watermelons

There are watermelons.

다섯 개의 수박이 있어요.

6 books

There are books.

여섯 권의 책이 있어요.

7 pencils

There are pencils.

일곱 개의 연필이 있어요.

8 flowers

There are flowers.

여덟 송이의 꽃이 있어요.

9 backpacks

There are backpacks.

아홉 개의 배낭이 있어요.

10 hats

There are hats.

열 개의 모자가 있어요.

B 그림에 해당하는 낱말을 바르게 쓰고, ○안에 알맞은 알파벳을 쓰세요.

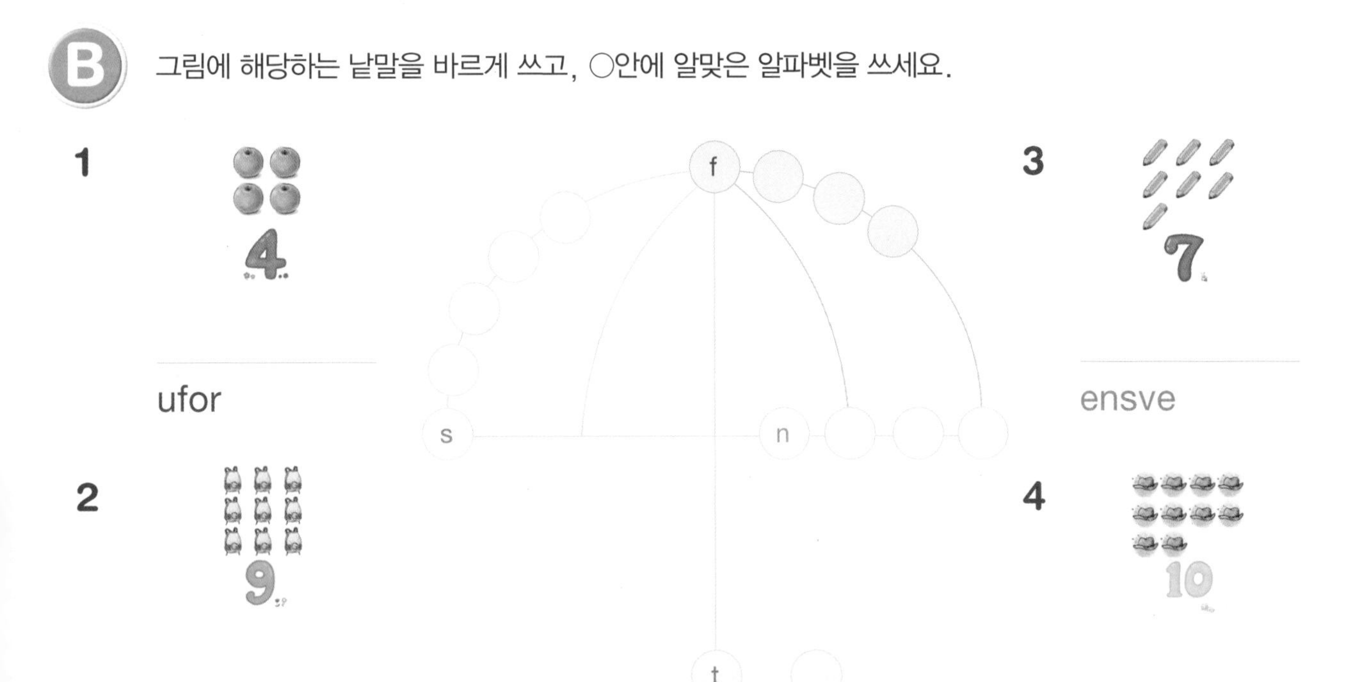

1 ufor

2 enni

3 ensve

4 etn

C 그림에 알맞은 낱말을 퍼즐에서 찾아 ○표 하고, 해당하는 그림과 연결하세요.

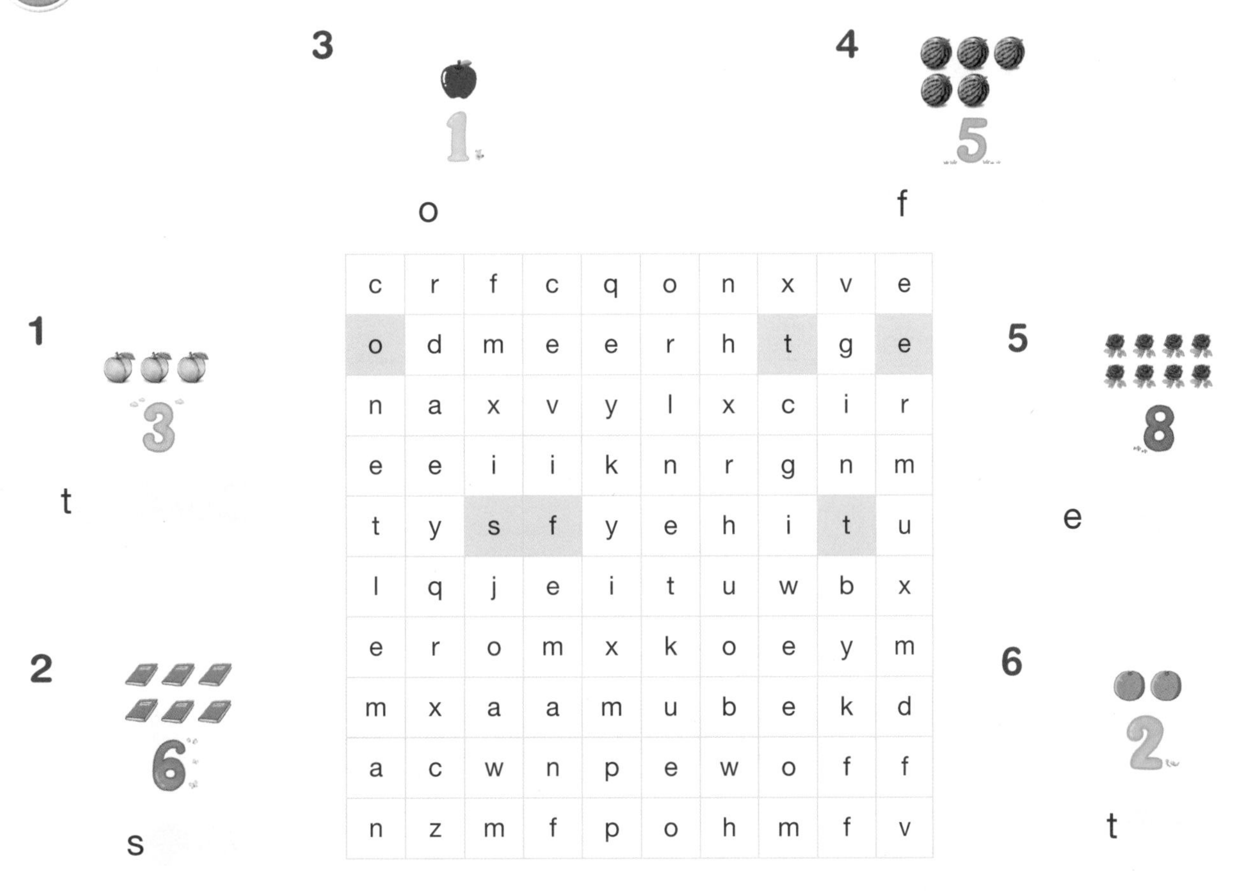

3 o

4 f

1 t

2 s

5 e

6 t

c	r	f	c	q	o	n	x	v	e
o	d	m	e	e	r	h	t	g	e
n	a	x	v	y	l	x	c	i	r
e	e	i	i	k	n	r	g	n	m
t	y	s	f	y	e	h	i	t	u
l	q	j	e	i	t	u	w	b	x
e	r	o	m	x	k	o	e	y	m
m	x	a	a	m	u	b	e	k	d
a	c	w	n	p	e	w	o	f	f
n	z	m	f	p	o	h	m	f	v

문장을 읽고, 알맞은 단어에 ○표 하세요.

1	He has (three / nine) bags.	그는 가방 세 개를 가지고 있어요.
2	The girl keeps (one / three) pet dog.	소녀는 애완견 한 마리를 키워요.
3	He saw (ten / five) rabbits.	그는 토끼 다섯 마리를 보았어요.
4	She wants to buy (four / two) cats.	그녀는 고양이 두 마리를 사고 싶어 해요.
5	The boy has (seven / ten) pencils.	소년은 연필 열 자루를 갖고 있어요.
6	Her house has (four / eight) rooms.	그녀의 집은 방이 네 개예요.
7	She keeps (eight / four) ducks.	그녀는 오리 여덟 마리를 키워요.
8	She ate (three/ six) strawberries.	그녀는 딸기 여섯 개를 먹었어요.
9	He saw (seven / five) pigs.	그는 돼지 일곱 마리를 보았어요.
10	He met (six / nine) soccer players.	그는 축구 선수 아홉 명을 만났어요.

주어진 단어를 활용해 문장을 완성해 보세요.

My favorite number is __________.
가장 좋아하는 숫자는 무엇인가요?

There are __________ members in my family.
우리 가족은 몇 명인가요?

I read __________ book(s) a month.
한 달에 몇 권의 책을 읽나요?

I sleep __________ hours every night.
매일 밤 몇 시간 잠을 자나요?

I get up at __________ o'clock every morning.
매일 아침 몇 시에 일어나나요?

Numbers

- one
- two
- three
- four
- five
- six
- seven
- eight
- nine
- ten

I & We 나와 우리

그림을 보며 단어를 익힌 후, 빈칸에 단어를 따라 써 보세요. 04

 그림을 보고, 빈칸에 알맞은 말을 써넣으세요.

1

talk

talk to my friends.

나는 내 친구들에게 이야기해요.

2

talk

talk to your friends.

너는 네 친구들에게 이야기해요.

3

is

is handsome.

그는 잘생겼어요.

4

is

is pretty.

그녀는 예뻐요.

5

talk

talk to each other.

우리는 서로에게 이야기해요.

6

watch

watch a baseball game.

그들은 야구를 봐요.

7

is

is an album.

그것은 앨범이에요.

8

is

is an apple.

이것은 사과예요.

9

is

is an orange.

저것은 오렌지예요.

10

celebrates

celebrates his birthday.

모든 사람들이 그의 생일을 축하해요.

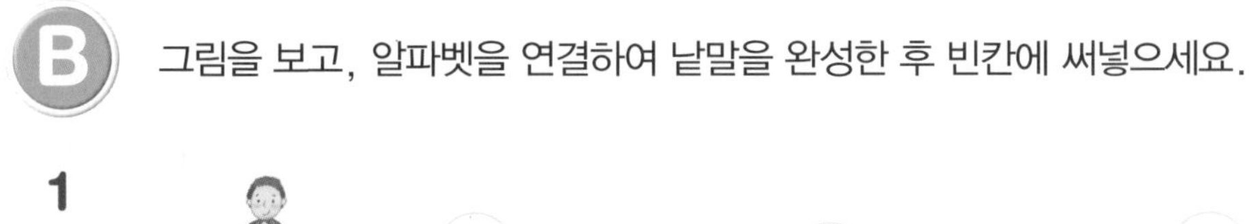

B 그림을 보고, 알파벳을 연결하여 낱말을 완성한 후 빈칸에 써넣으세요.

C 그림에 알맞은 낱말을 퍼즐에서 찾아 ○표 하고, 해당하는 그림과 연결하세요.

i	m	l	r	o	y	o	z	d	h
s	h	i	q	r	m	s	h	f	l
m	a	d	g	w	t	n	f	p	r
i	n	e	c	x	q	h	n	j	k
y	h	i	a	n	y	e	a	n	c
u	t	h	c	w	e	a	d	t	z
e	e	z	q	z	q	r	n	z	d
d	b	h	j	a	w	o	y	w	x
j	y	k	n	a	p	w	o	j	j
n	k	a	d	z	r	h	u	n	s

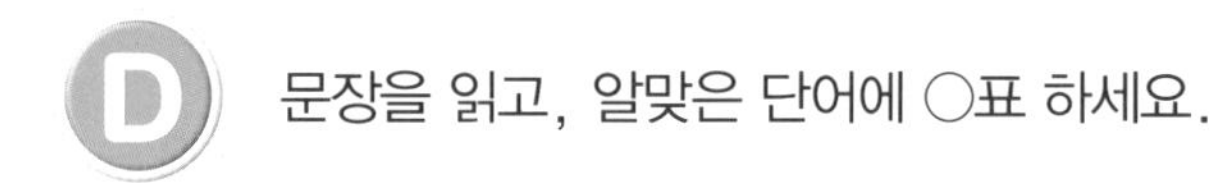

D 문장을 읽고, 알맞은 단어에 ○표 하세요.

1 (This / It) is a cute doll. 그것은 귀여운 인형이에요.

2 (I / You) love animals. 나는 동물을 사랑해요.

3 (This / That) is his key. 이것은 그의 열쇠에요.

4 (You / We) are good at playing basketball. 너는 농구를 잘하는구나.

5 (She / They) is very kind. 그녀는 정말 친절해요.

6 (Everyone / They) ate tomatoes. 모든 사람들이 토마토를 먹었어요.

7 (We / You) run around the park. 우리는 공원을 뛰어다녀요.

8 (She / He) ate some bread. 그는 빵을 조금 먹었어요.

9 (They / He) broke the window. 그들은 창문을 깼어요.

10 (We / That) is her ribbon. 저것은 그녀의 리본이에요.

E 주어진 단어를 활용해 문장을 완성해 보세요.

__________ is a very kind person.
그는 매우 친절한 사람이에요.

__________ go to the library after school.
우리는 방과 후에 도서관에 가요.

__________ is my favorite food.
그것은 내가 가장 좋아하는 음식이에요.

__________ is her umbrella.
이것은 그녀의 우산이에요.

__________ likes his nice voice.
모든 사람들이 그의 멋진 목소리를 좋아해요.

I & We

- I
- you
- he
- she
- we
- they
- it
- this
- that
- everyone

Face 얼굴

 그림을 보며 단어를 익힌 후, 빈칸에 단어를 따라 써 보세요. 05

face
얼굴

face

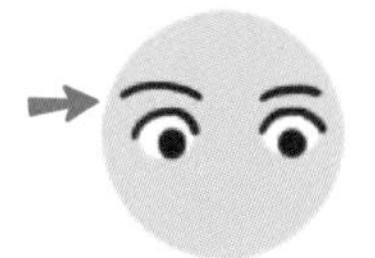

eyebrow
눈썹

eyebrow

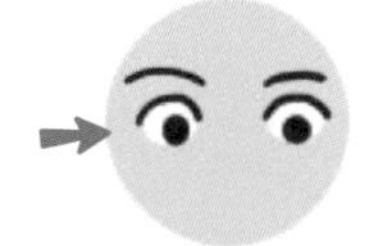

eye
눈
eyes (복수형)

eye

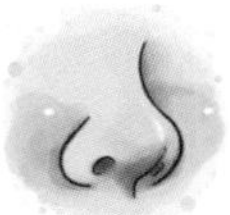

nose
코

nose

ear
귀
ears (복수형)

ear

mouth
입

mouth

lip
입술
lips (복수형)

lip

tooth
이, 치아
teeth (복수형)

tooth

cheek
뺨, 볼
cheeks (복수형)

cheek

chin
턱
chins (복수형)

chin

그림을 보고, 빈칸에 알맞은 말을 써넣으세요.

1

my

I wash my .

나는 내 얼굴을 씻어요.

2

my s

I touch my s.

나는 눈썹을 만져요.

3

my s

I close my s.

나는 눈을 감아요.

4

my

I blow my .

나는 코를 풀어요.

5

my s

I touch my s.

나는 귀를 만져요.

6

my

I open my .

나는 입을 벌려요.

7

red s

I have red s.

나는 입술이 붉어요.

8

my

I brush my .

나는 이를 닦아요.

9

pink s

I have pink s.

나는 뺨이 분홍빛이에요.

10

my

I touch my .

나는 턱을 만져요.

B 그림에 해당하는 낱말을 바르게 쓰고, ○안에 알맞은 알파벳을 쓰세요.

C 그림에 알맞은 낱말을 퍼즐에서 찾아 ○표 하고, 해당하는 그림과 연결하세요.

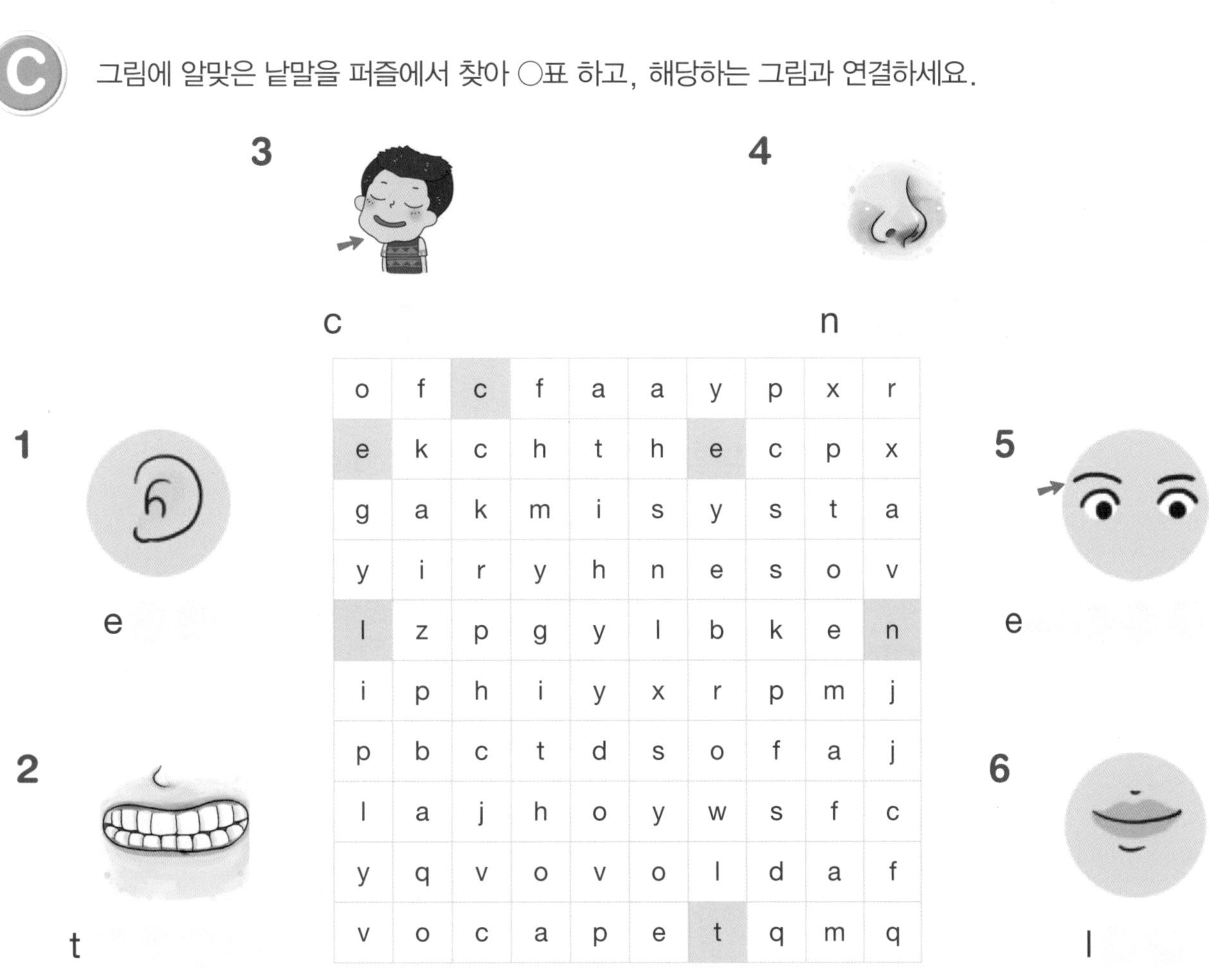

o	f	c	f	a	a	y	p	x	r
e	k	c	h	t	h	e	c	p	x
g	a	k	m	i	s	y	s	t	a
y	i	r	y	h	n	e	s	o	v
l	z	p	g	y	l	b	k	e	n
i	p	h	i	y	x	r	p	m	j
p	b	c	t	d	s	o	f	a	j
l	a	j	h	o	y	w	s	f	c
y	q	v	o	v	o	l	d	a	f
v	o	c	a	p	e	t	q	m	q

문장을 읽고, 알맞은 단어에 ○표 하세요.

1 She has a pretty (nose / face). 그녀의 얼굴은 예뻐요.

2 I have a weak (eyebrow / chin). 나는 턱이 약해요.

3 The color of his (eyebrows / ears) is white. 그의 눈썹은 하얀색이에요.

4 He brushes his (teeth / ears) three times a day. 그는 하루에 세 번 이를 닦아요.

5 His (eyes / cheeks) are small. 그의 눈은 작아요.

6 My (face / mouth) is very big. 내 입은 엄청 커요.

7 Her (cheeks / lips) are dry. 그녀의 입술은 건조해요.

8 Your (nose / lip) is a work of art. 당신의 코는 예술 작품이에요.

9 Their (cheeks / chins) turned red. 그들의 볼은 빨개졌어요.

10 Her (ears / eyes) are cold. 그녀의 귀는 차가워요.

주어진 단어를 활용해 문장을 완성해 보세요.

I listen to music with my _________.
우리는 무엇으로 음악을 듣나요?

I smell with my _________.
우리는 무엇으로 냄새를 맡나요?

I chew food with my _________.
우리는 무엇으로 음식을 씹나요?

I look at things with my _________.
우리는 무엇으로 사물을 보나요?

I like my cute _________.
나는 귀여운 내 얼굴이 좋아요.

Face

- face
- eyebrow
- eye
- nose
- ear
- mouth
- lip
- tooth
- cheek
- chin

Body 몸, 신체

 그림을 보며 단어를 익힌 후, 빈칸에 단어를 따라 써 보세요. 06

hair 머리카락 — hair

head 머리 — head

neck 목 — neck

shoulder 어깨 — shoulder

arm 팔 — arm

hand 손 — hand

finger 손가락 — finger

leg 다리 — leg

foot 발 — foot

toe 발가락 — toe

그림을 보고, 빈칸에 알맞은 말을 써넣으세요.

1

my

I wash my .

나는 머리를 감아요.

2

my

I touch my .

나는 머리를 만져요.

3

a long

She has a long .

그녀는 목이 길어요.

4

broad s

I have broad s.

나는 어깨가 넓어요.

5

her

I take her .

나는 그녀의 팔을 잡아요.

6

my

I wave my .

나는 손을 흔들어요.

7

my little

My little hurts.

나의 새끼손가락이 아파요.

8

long s

She has long s.

그녀는 다리가 길어요.

9

on

I go to school on .

나는 학교에 걸어서 가요.

10

my little

My little hurts.

나의 새끼발가락이 아파요.

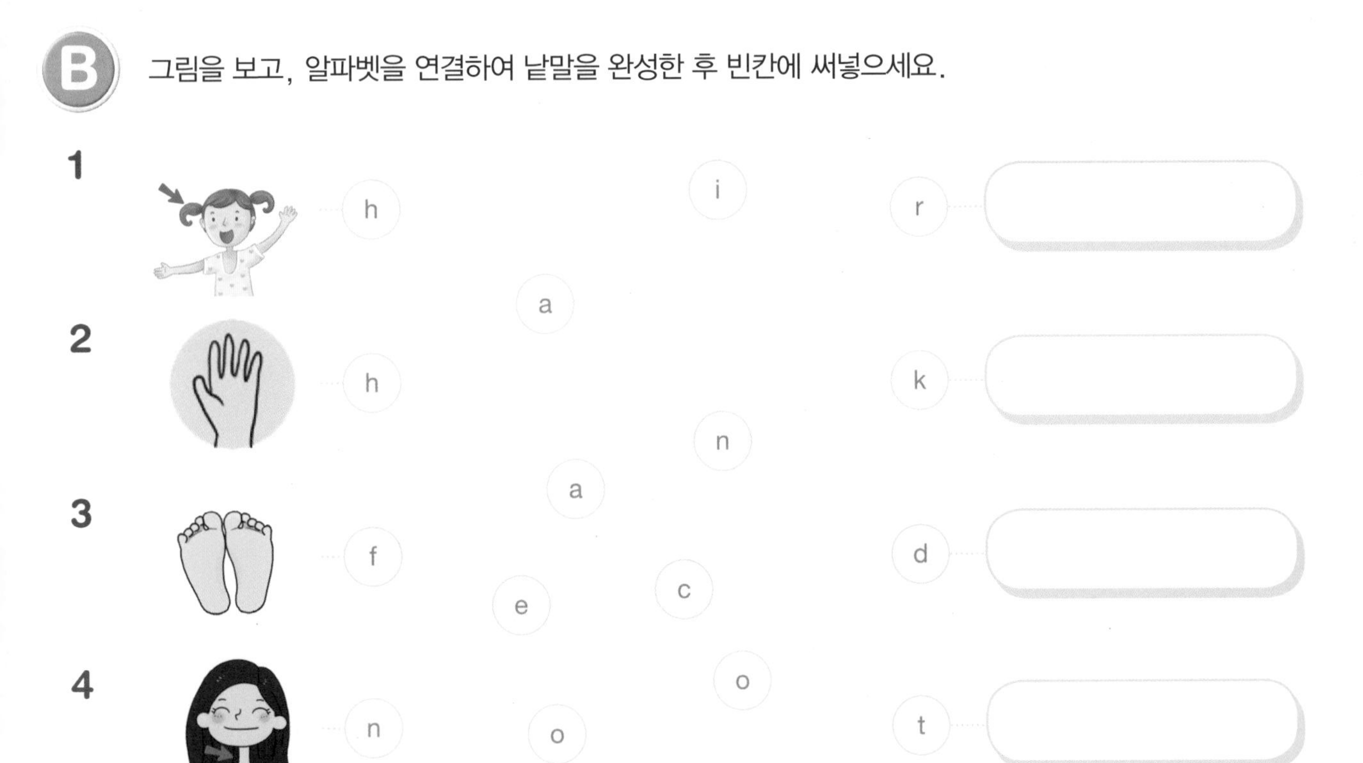

DAY 06

s

f

1

h

a

s	k	t	j	p	s	u	b	l	q
h	b	d	o	k	t	t	l	z	j
o	h	e	a	d	t	n	g	p	k
u	s	r	e	g	n	i	f	e	k
l	x	r	w	f	a	t	k	j	l
d	l	z	x	e	j	d	n	s	w
e	e	a	o	r	u	h	h	g	h
r	a	t	y	g	o	z	x	u	t
b	h	r	x	q	g	t	e	p	b
s	m	v	m	m	o	w	v	d	l

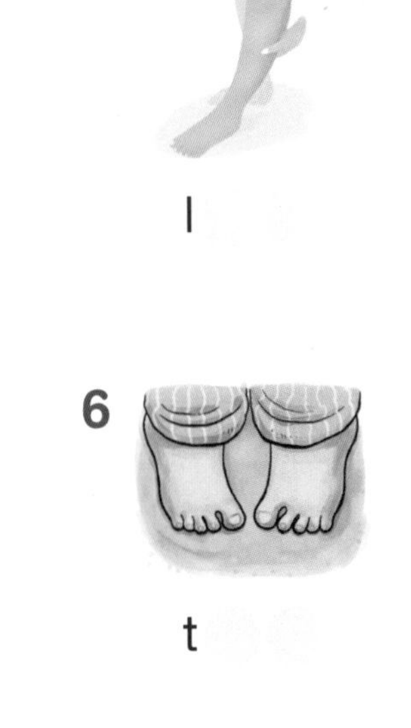

문장을 읽고, 알맞은 단어에 ○표 하세요.

1 His (hair / foot) is black. 그의 머리카락은 검정색이에요.

2 The girl nodded her (toe / head). 소녀는 머리를 끄덕였어요.

3 The giraffe has a long (neck / leg). 기린은 목이 길어요.

4 I touched his (shoulder / finger). 나는 그의 어깨를 만졌어요.

5 My father has strong (arms / heads). 우리 아빠의 팔은 튼튼해요.

6 Her (legs / hands) are cold. 그녀의 손은 차가워요.

7 I have ten (fingers / arms). 나는 손가락이 열 개예요.

8 The animal has short (shoulders / legs). 그 동물은 짧은 다리를 가지고 있어요.

9 My left (hair / foot) is in the water. 내 왼쪽 발이 물속에 있어요.

10 Her (toes / hands) are very pretty. 그녀의 발가락은 너무 예뻐요.

주어진 단어를 활용해 문장을 완성해 보세요.

I throw a ball with my __________.
우리는 무엇으로 공을 던지나요?

I kick a ball with my __________.
우리는 무엇으로 공을 차나요?

I have ten __________.
우리의 손에 달려있는 것은 무엇인가요?

I have ten __________.
우리의 발에 달려있는 것은 무엇인가요?

I have long __________.
가장 긴 신체부위는 무엇인가요?

Body
- hair
- head
- neck
- shoulder
- arm
- hand
- finger
- leg
- foot
- toe

Pets 애완동물

듣고 따라하는
원어민 발음

 그림을 보며 단어를 익힌 후, 빈칸에 단어를 따라 써 보세요. 07

pet
애완동물

dog
개
puppy 강아지

dog

cat
고양이
kitten = kitty 새끼 고양이

cat

rabbit
토끼

rabbit

bird
새
birds (복수형)

bird

fish
물고기
fish (복수형)

fish

turtle
거북

turtle

frog
개구리
frogs (복수형)

frog

snake
뱀
snakes (복수형)

snake

hamster
햄스터

hamster

그림을 보고, 빈칸에 알맞은 말을 써넣으세요.

1

______ have a ______

Do you have a ______ ?

애완동물을 기르나요?

2

______ have a ______

Do you have a ______ ?

개를 기르나요?

3

______ have a ______

Do you have a ______ ?

고양이를 기르나요?

4

______ have a ______

Do you have a ______ ?

토끼를 기르나요?

5

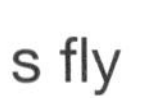

______s fly

______s fly in the sky.

새들이 하늘을 날아요.

6

______ swim

______ swim in the water.

물고기들이 물에서 헤엄을 쳐요.

7

______ see a ______

I want to see a ______ .

나는 거북이를 보고 싶어요.

8

______ that ______

I can see that ______ .

나는 저 개구리를 볼 수 있어요.

9

______ protect ______s

We must protect ______s.

우리는 뱀들을 보호해야 해요.

10

______ cute ______

I have a cute ______ .

나는 귀여운 햄스터가 있어요.

B 그림에 해당하는 낱말을 바르게 쓰고, ○안에 알맞은 알파벳을 쓰세요.

1 rbdi

2 ksaen

3 birbat

4 ogd

C 그림에 알맞은 낱말을 퍼즐에서 찾아 ○표 하고, 해당하는 그림과 연결하세요.

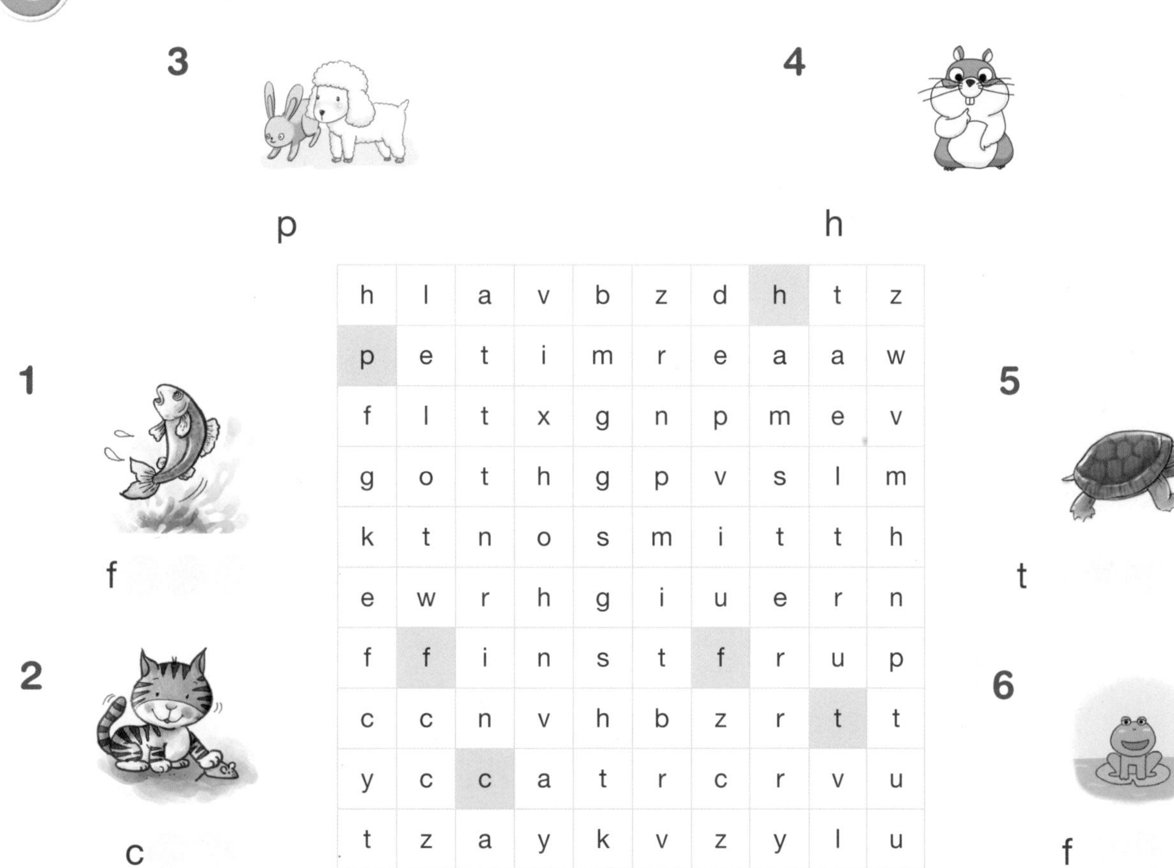

3 p

4 h

1 f

2 c

5 t

6 f

h	l	a	v	b	z	d	h	t	z
p	e	t	i	m	r	e	a	a	w
f	l	t	x	g	n	p	m	e	v
g	o	t	h	g	p	v	s	l	m
k	t	n	o	s	m	i	t	t	h
e	w	r	h	g	i	u	e	r	n
f	f	i	n	s	t	f	r	u	p
c	c	n	v	h	b	z	r	t	t
y	c	c	a	t	r	c	r	v	u
t	z	a	y	k	v	z	y	l	u

문장을 읽고, 알맞은 단어에 ○표 하세요.

1 My (pet / bird) is a little turtle. 나의 애완동물은 작은 거북이에요.

2 His (frog / dog) is wagging his tail. 그의 강아지는 꼬리를 흔들어요.

3 Her (cat / snake) is eating fish. 그녀의 고양이는 생선을 먹어요.

4 Children like (hamsters / rabbits). 아이들은 햄스터를 좋아해요.

5 The (birds / cats) are singing. 새들이 노래를 하고 있어요.

6 I keep (fish / dog) at home. 나는 집에서 물고기를 길러요.

7 That (turtle / bird) is so big. 저 거북이는 정말 커요.

8 This (rabbit / frog) is too small. 이 개구리는 너무 작아요.

9 The (cat / snake) is a dangerous animal. 뱀은 위험한 동물이에요.

10 We saw a (hamster / rabbit) in the mountain. 우리는 산에서 토끼 한 마리를 보았어요.

주어진 단어를 활용해 문장을 완성해 보세요.

I think the __________ is cute.
가장 귀여운 애완동물은 무엇인가요?

I want to keep a __________.
어떤 애완동물을 키우고 싶나요?

I don't want to keep a __________.
어떤 애완동물을 키우고 싶지 않나요?

I kept a __________ in the past.
예전에 키워 본 애완동물이 있나요?

I keep a __________ as a pet.
지금 키우는 애완동물이 있나요?

Pet

- pet
- dog
- cat
- rabbit
- bird
- fish
- turtle
- frog
- snake
- hamster

Foods 음식

 그림을 보며 단어를 익힌 후, 빈칸에 단어를 따라 써 보세요. 08

rice 쌀, 쌀밥	rice	**bread** 빵	bread
jam 잼	jam	**sandwich** 샌드위치	sandwich
cheese 치즈	cheese	**butter** 버터	butter
tea 차	tea	**milk** 우유	milk
juice 주스	juice	**water** 물	water

그림을 보고, 빈칸에 알맞은 말을 써넣으세요.

1

eat

I eat .

나는 밥을 먹어요.

2

some

I want some .

나는 약간의 빵을 원해요.

3

some

I want some .

나는 약간의 잼을 원해요.

4

a

Would you like a ?

샌드위치를 드실래요?

5

some

I want some .

나는 약간의 치즈를 원해요.

6

some

I want some .

나는 약간의 버터를 원해요.

7

some

Would you like some ?

차 좀 드실래요?

8

some

I want some .

나는 약간의 우유를 원해요.

9

orange

Would you like orange ?

오렌지 주스를 드실래요?

10

without

We can't live without .

우리는 물 없이 살 수 없어요.

B 그림을 보고, 알파벳을 연결하여 낱말을 완성한 후 빈칸에 써넣으세요.

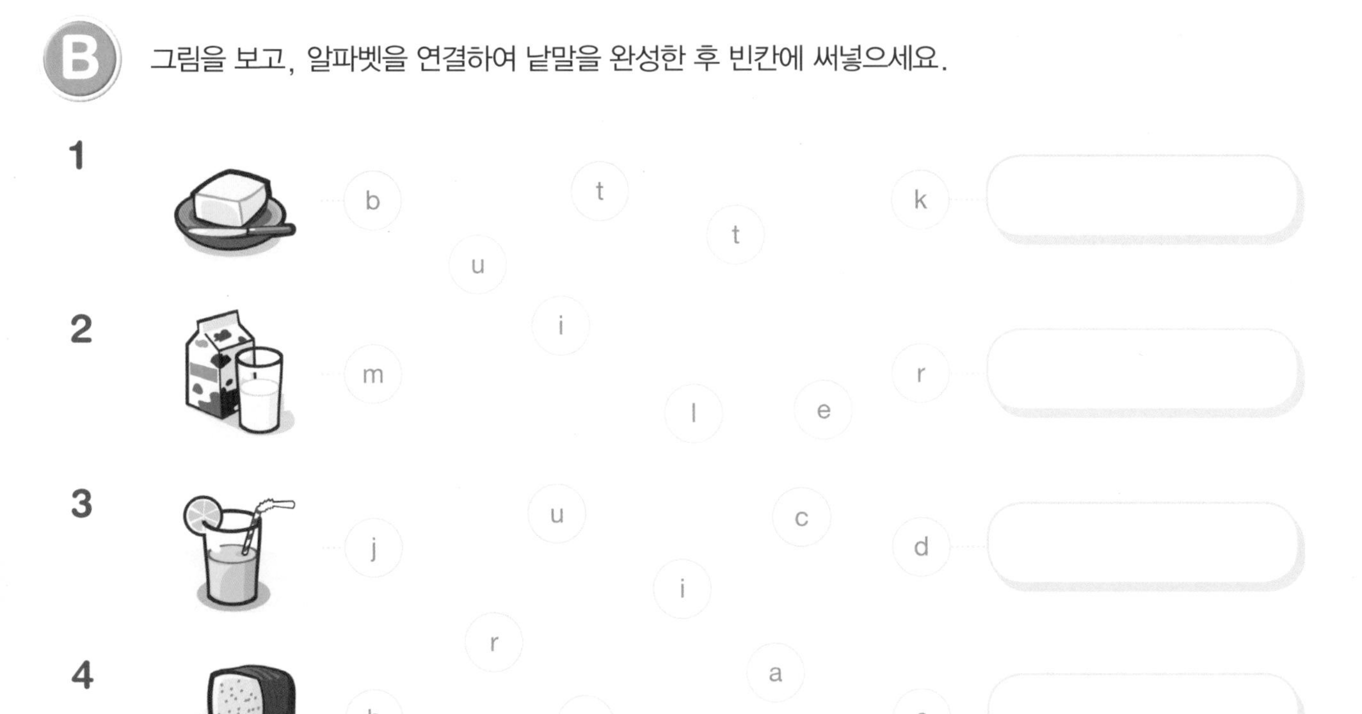

C 그림에 알맞은 낱말을 퍼즐에서 찾아 ○표 하고, 해당하는 그림과 연결하세요.

3 

s

4 

c

1

r

2 

t

5 

w

6 

j

i	o	p	e	s	e	e	h	c	r
u	g	t	r	l	a	p	c	w	e
q	a	a	a	y	t	l	i	q	t
e	l	b	t	s	s	a	w	c	a
i	e	d	e	f	r	n	d	j	w
a	b	c	v	e	m	p	n	x	h
j	i	h	z	s	e	u	a	a	r
r	k	j	x	l	l	y	s	q	e
h	s	l	a	n	o	x	a	v	n
t	e	a	e	m	n	z	w	x	o

문장을 읽고, 알맞은 단어에 ○표 하세요.

1	They eat (rice / cheese) every day.	그들은 매일 밥을 먹어요.
2	We eat (butter / bread) in the morning.	우리는 아침에 빵을 먹어요.
3	My mother needs (jam / rice).	우리 엄마는 잼이 필요해요.
4	This (sandwich / juice) is really delicious.	이 샌드위치는 정말 맛있어요.
5	He likes (cheese / milk).	그는 치즈를 좋아해요.
6	She puts (water / butter) on the bread.	그녀는 빵 위에 버터를 발라요.
7	My father drinks a cup of (tea / rice).	우리 아빠는 차 한 잔을 마셔요.
8	I drink (milk / bread) every day.	나는 우유를 매일 마셔요.
9	This fruit (jam / juice) is very sweet.	이 과일 주스는 정말 달콤해요.
10	I drink a glass of (water / milk).	나는 물 한 잔을 마셔요.

주어진 단어를 활용해 문장을 완성해 보세요.

I eat __________ every morning.
매일 아침식사로 무엇을 먹나요?

I want to eat a __________ now.
지금 가장 먹고 싶은 음식은 무엇인가요?

I ate __________ yesterday.
어제 먹었던 음식은 무엇인가요?

My father's favorite food is __________.
아빠가 가장 좋아하는 음식은 무엇인가요?

My mother's favorite food is __________.
엄마가 가장 좋아하는 음식은 무엇인가요?

Food

- rice
- bread
- jam
- sandwich
- cheese
- butter
- tea
- milk
- juice
- water

Fruits

 그림을 보며 단어를 익힌 후, 빈칸에 단어를 따라 써 보세요. 09

apple
사과
apples (복수형)

pear
배
pears (복수형)

pear

peach
복숭아
peaches (복수형)

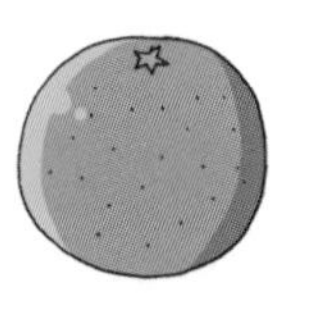

orange
오렌지
oranges (복수형)

orange

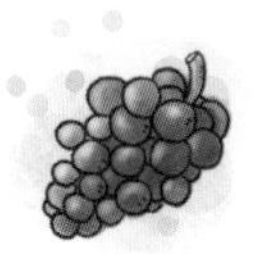

grape
포도
grapes (복수형)

strawberry
딸기
strawberries (복수형)

strawberry

banana
바나나
bananas (복수형)

banana

kiwi
키위
kiwis (복수형)

kiwi

lemon
레몬
lemons (복수형)

watermelon
수박
watermelons (복수형)

watermelon

그림을 보고, 빈칸에 알맞은 말을 써넣으세요.

1

eat an

I eat an .

나는 사과를 먹어요.

2

eat a

I eat a .

나는 배를 먹어요.

3

eat a

I eat a .

나는 복숭아를 먹어요.

4

eat an

I eat an .

나는 오렌지를 먹어요.

5

eat s

I eat s.

나는 포도를 먹어요.

6

eat es

I eat es.

나는 딸기를 먹어요.

7

eat a

I eat a .

나는 바나나를 먹어요.

8

I eat s

I eat s.

나는 키위를 먹어요.

9

eat a

I eat a .

나는 레몬을 먹어요.

10

eat a

I eat a .

나는 수박을 먹어요.

B 그림에 해당하는 낱말을 바르게 쓰고, ○안에 알맞은 알파벳을 쓰세요.

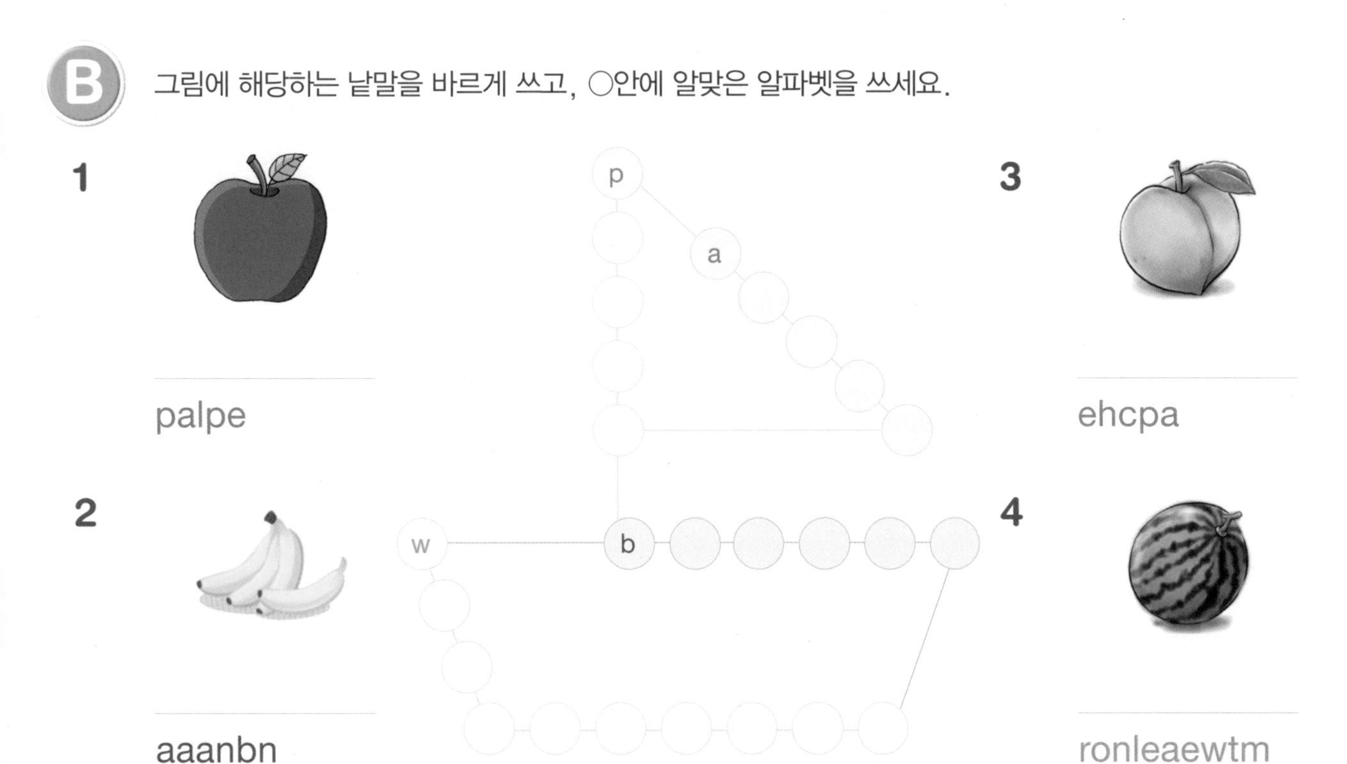

C 그림에 알맞은 낱말을 퍼즐에서 찾아 ○표 하고, 해당하는 그림과 연결하세요.

3 s

4 l

1 p

2 g

5 o

6 k

l	e	m	o	n	e	n	o	u	s
r	a	e	p	g	a	i	r	d	e
c	q	r	r	r	d	i	a	c	a
g	u	a	i	y	a	w	n	d	x
m	p	r	u	o	k	v	g	n	h
e	q	i	t	x	h	o	e	v	n
y	g	d	w	a	x	b	j	w	r
e	d	f	v	i	i	l	j	o	r
h	u	r	r	s	k	n	o	s	r
s	t	r	a	w	b	e	r	r	y

D 문장을 읽고, 알맞은 단어에 ○표 하세요.

1 This (apple / grape) is red. 이 사과는 빨간색이에요.

2 My mother bought some (grapes / pears). 우리 엄마는 포도를 조금 샀어요.

3 That (pear / kiwi) is sweet. 저 배는 달콤해요.

4 He put an (orange / apple) into a basket. 그는 오렌지를 바구니에 넣었어요.

5 She doesn't like (kiwis / strawberries). 그녀는 딸기를 좋아하지 않아요.

6 The girl ate a (kiwi / pear) yesterday. 소녀는 어제 키위를 먹었어요.

7 My brother likes (lemons / peaches). 내 남동생은 복숭아를 좋아해요.

8 The (grape / lemon) has a sour taste. 레몬은 신맛이 나요.

9 There are three (bananas / oranges) on the table. 바나나 세 개가 탁자 위에 있어요.

10 (Watermelons / Oranges) are popular in summer. 수박은 여름에 인기가 있어요.

주어진 단어를 활용해 문장을 완성해 보세요.

I want to eat __________.
지금 가장 먹고 싶은 과일은 무엇인가요?

I ate __________ this week.
이번 주에 먹은 과일이 있나요?

I often eat __________ in summer.
여름에 어떤 과일을 자주 먹나요?

I often eat __________ in winter.
겨울에 어떤 과일을 자주 먹나요?

I don't like eating __________.
좋아하지 않는 과일이 있나요?

Fruits

- apple
- pear
- peach
- orange
- grape
- strawberry
- banana
- kiwi
- lemon
- watermelon

Vegetables 야채

 그림을 보며 단어를 익힌 후, 빈칸에 단어를 따라 써 보세요. 10

tomato
토마토
tomatoes (복수형)

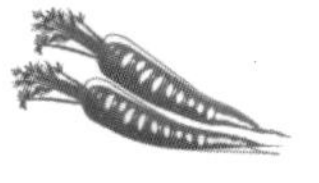

carrot
당근
carrots (복수형)

carrot

potato
감자
potatoes (복수형)

potato

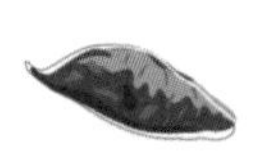

sweet potato
고구마
sweet potatoes (복수형)

sweet potato

corn
옥수수

corn

onion
양파
onions (복수형)

onion

bean
콩
beans (복수형)

bean

cabbage
양배추
cabbages (복수형)

cabbage

cucumber
오이
cucumbers (복수형)

cucumber

pumpkin
호박
pumpkins (복수형)

pumpkin

그림을 보고, 빈칸에 알맞은 말을 써넣으세요.

1

like es

I like es.

나는 토마토를 좋아해요.

2

like s

I like s.

나는 당근을 좋아해요.

3

like es

I like es.

나는 감자를 좋아해요.

4

like es

I like es.

나는 고구마를 좋아해요.

5

like

I like .

나는 옥수수를 좋아해요.

6

like s

I like s.

나는 양파를 좋아해요.

7

like s

I like s.

나는 콩을 좋아해요.

8

like s

I like s.

나는 양배추를 좋아해요.

9

like s

I like s.

나는 오이를 좋아해요.

10

like s

I like s.

나는 호박을 좋아해요.

B 그림을 보고, 알파벳을 연결하여 낱말을 완성한 후 빈칸에 써넣으세요.

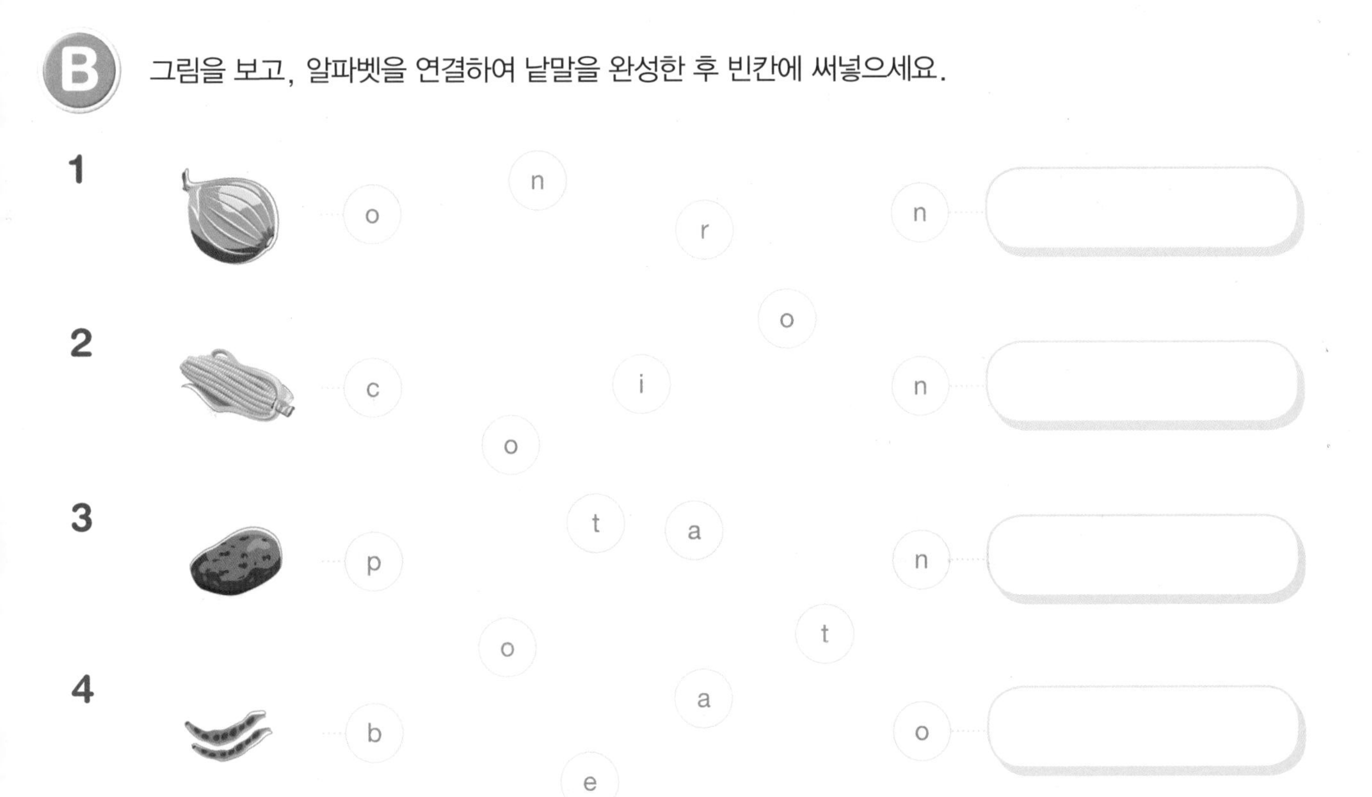

C 그림에 알맞은 낱말을 퍼즐에서 찾아 ○표 하고, 해당하는 그림과 연결하세요.

3 s

4 c

1 t

2 c

5 p

6 c

t	i	c	u	c	u	m	b	e	r	x
q	o	l	t	u	u	g	w	s	z	s
t	q	m	t	p	u	m	p	k	i	n
z	u	r	a	i	i	v	o	m	s	s
s	w	e	e	t	p	o	t	a	t	o
d	h	d	o	n	o	j	p	t	o	o
c	a	r	r	o	t	e	z	v	p	z
z	h	s	d	c	v	q	e	p	u	a
z	e	g	a	b	b	a	c	u	z	a
a	c	f	g	w	d	y	d	r	r	y

D 문장을 읽고, 알맞은 단어에 ○표 하세요.

1 I ate (cabbage / carrot) yesterday. 나는 어제 양배추를 먹었어요.

2 This (potato / tomato) looks delicious. 이 토마토는 맛있어 보여요.

3 Rabbits like (beans / carrots). 토끼는 당근을 좋아해요.

4 My mother bought some (sweet potatoes / cabbages). 우리 엄마는 고구마를 조금 샀어요.

5 The boy draws a (pumpkin / sweet potato). 소년은 호박을 그려요.

6 (Pumpkin / Corn) is a healthy food. 옥수수는 건강한 음식이에요.

7 My brother doesn't like eating (beans / potatoes). 내 남동생은 콩 먹는 것을 좋아하지 않아요.

8 There are two (onions / cucumbers) on the table. 오이 두 개가 탁자 위에 있어요.

9 My sister washes some (onions / carrots). 우리 언니는 양파 몇 개를 씻어요.

10 There are three (potatoes / cucumbers) in the basket. 바구니에 감자가 세 개 있어요.

E 주어진 단어를 활용해 문장을 완성해 보세요.

I want to eat ____________.
지금 가장 먹고 싶은 야채는 무엇인가요?

I ate __________ this week.
이번 주에 먹은 야채가 있나요?

I don't like eating __________.
좋아하지 않는 야채가 있나요?

My father's favorite vegetable is __________.
아빠가 가장 좋아하는 야채는 무엇인가요?

My mother's favorite vegetable is __________.
엄마가 가장 좋아하는 야채는 무엇인가요?

Vegetables

- tomato
- carrot
- potato
- sweet potato
- corn
- onion
- bean
- cabbage
- cucumber
- pumpkin

Farm animals 농장 동물

 그림을 보며 단어를 익힌 후, 빈칸에 단어를 따라 써 보세요. 11

그림을 보고, 빈칸에 알맞은 말을 써넣으세요.

1

that

Look at that !

저 말을 보세요!

2

that

Look at that !

저 수탉을 보세요!

3

that

Look at that !

저 암탉을 보세요!

4

that

Look at that !

저 양을 보세요!

5

that

Look at that !

저 암소를 보세요!

6

that

Look at that !

저 염소를 보세요!

7

that

Look at that !

저 오리를 보세요!

8

that

Look at that !

저 거위를 보세요!

9

that

Look at that !

저 돼지를 보세요!

10

that

Look at that !

저 쥐를 보세요!

B 그림에 해당하는 낱말을 바르게 쓰고, ○안에 알맞은 알파벳을 쓰세요.

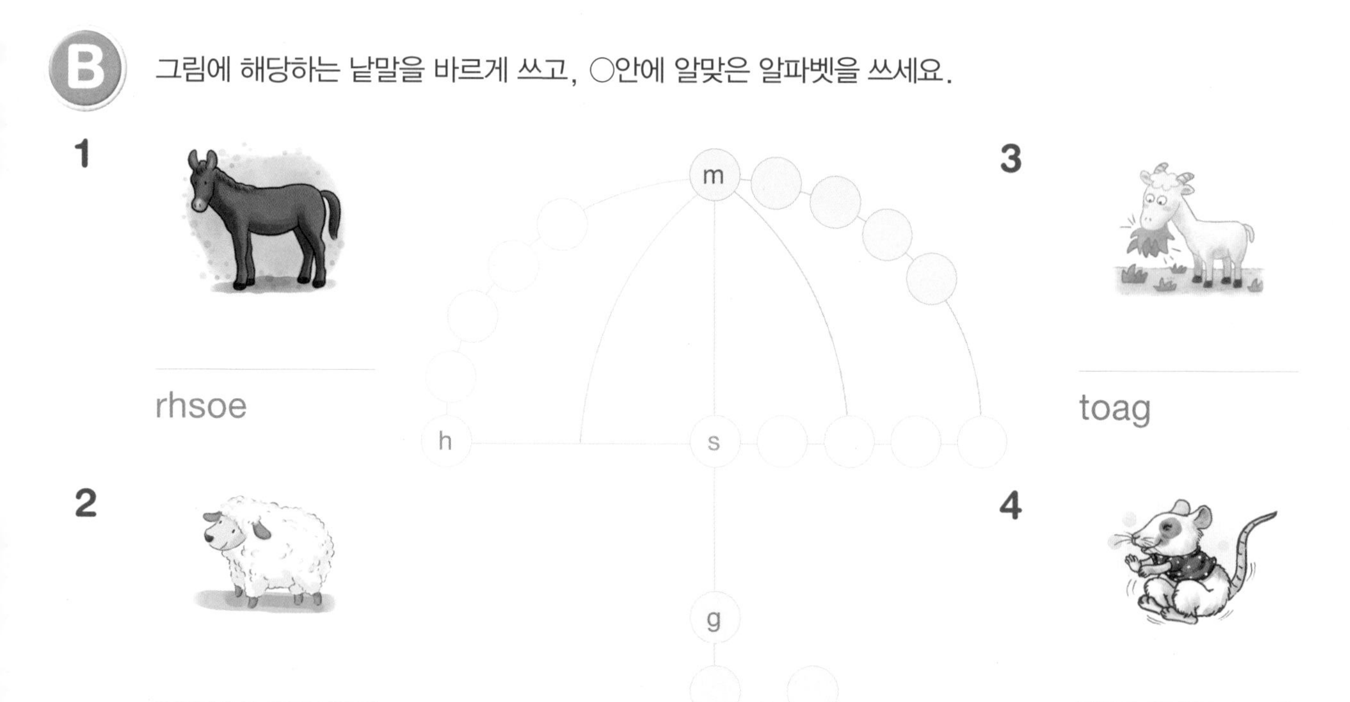

C 그림에 알맞은 낱말을 퍼즐에서 찾아 ○표 하고, 해당하는 그림과 연결하세요.

c	r	u	w	q	x	d	e	e	h
e	o	e	i	b	b	n	g	s	e
o	d	w	t	f	z	h	k	o	n
z	z	i	d	s	g	z	w	o	t
p	b	w	d	e	o	y	p	g	k
d	n	e	n	i	n	o	m	s	v
e	z	h	m	i	f	t	r	a	p
k	c	u	d	n	e	m	e	l	e
h	o	m	e	w	p	i	g	c	c
w	o	v	a	z	g	a	c	b	i

1 c

2 d

D 문장을 읽고, 알맞은 단어에 ○표 하세요.

1 That (cow / horse) is strong. 저 말은 힘이 세요.

2 This (goat / rooster) looks sick. 이 수탉은 아파 보여요.

3 My (hen / pig) sits on her eggs. 우리 암탉이 알을 품고 있어요.

4 She has a white (sheep / duck). 그녀는 하얀색 양 한 마리가 있어요.

5 There are three (cows / pigs) on the farm. 농장에 소 세 마리가 있어요.

6 The (goat / mouse) is eating the grass. 염소가 풀을 뜯고 있어요.

7 There are two (roosters / ducks) on the pond. 연못에 오리 두 마리가 있어요.

8 My father bought a (horse / goose). 우리 아빠는 거위 한 마리를 샀어요.

9 He saw a (goat / pig) on the farm. 그는 농장에서 돼지 한 마리를 보았어요.

10 My brother runs after the (mouse / duck). 우리 형이 쥐를 쫓아 달려가요.

주어진 단어를 활용해 문장을 완성해 보세요.

I think the __________ is cute.
가장 귀여운 농장 동물은 무엇인가요?

I want to keep a __________.
가장 키우고 싶은 농장 동물은 무엇인가요?

I don't want to keep a __________.
어떤 농장 동물을 키우고 싶지 않나요?

My father's favorite farm animal is a __________.
아빠가 가장 좋아하는 농장 동물은 무엇인가요?

My mother's favorite farm animal is a __________.
엄마가 가장 좋아하는 농장 동물은 무엇인가요?

Farm animals

- horse
- rooster
- hen
- sheep
- cow
- goat
- duck
- goose
- pig
- mouse

Wild animals 야생 동물

 그림을 보며 단어를 익힌 후, 빈칸에 단어를 따라 써 보세요. 12

tiger
호랑이
tigers (복수형)

lion
사자
lions (복수형)

elephant
코끼리
elephants (복수형)

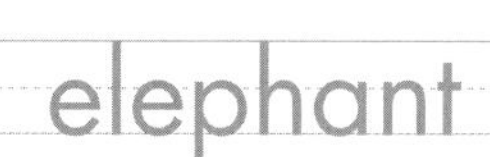

bear
곰
bears (복수형)

bear

gorilla
고릴라
gorillas (복수형)

monkey
원숭이
monkeys (복수형)

monkey

alligator
악어
alligators (복수형)

wolf
늑대
wolves (복수형)

wolf

fox
여우
foxes (복수형)

zebra
얼룩말
zebras (복수형)

그림을 보고, 빈칸에 알맞은 말을 써넣으세요.

1

see a

I want to see a .

나는 호랑이를 보고 싶어요.

2

see a

I want to see a .

나는 사자를 보고 싶어요.

3

see an

I want to see an .

나는 코끼리를 보고 싶어요.

4

see a

I want to see a .

나는 곰을 보고 싶어요.

5

see a

I want to see a .

나는 고릴라를 보고 싶어요.

6

see a

I want to see a .

나는 원숭이를 보고 싶어요.

7

see an

I want to see an .

나는 악어를 보고 싶어요.

8

see a

I want to see a .

나는 늑대를 보고 싶어요.

9

see a

I want to see a .

나는 여우를 보고 싶어요.

10

see a

I want to see a .

나는 얼룩말을 보고 싶어요.

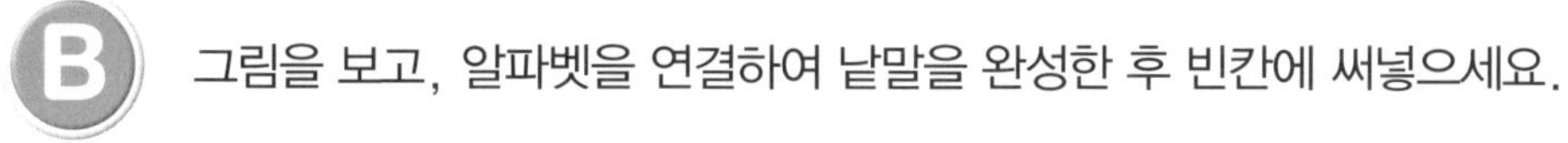

B 그림을 보고, 알파벳을 연결하여 낱말을 완성한 후 빈칸에 써넣으세요.

C 그림에 알맞은 낱말을 퍼즐에서 찾아 ○표 하고, 해당하는 그림과 연결하세요.

3 e

4 a

1 g

2 f

5 b

6 z

o	e	e	l	e	p	h	a	n	t
r	f	c	r	k	c	e	u	o	w
o	u	g	a	a	u	d	o	c	a
t	b	o	t	x	e	b	a	l	q
a	d	r	b	o	r	b	p	f	p
g	r	i	o	f	o	w	x	u	t
i	s	l	a	b	s	u	f	f	c
l	b	l	k	t	g	q	t	t	e
l	c	a	o	r	a	r	b	e	z
a	s	c	d	j	s	d	g	b	t

D 문장을 읽고, 알맞은 단어에 ○표 하세요.

1 The (elephant / zebra) has stripes. 얼룩말은 줄무늬가 있어요.

2 The (fox / tiger) is in the forest. 호랑이가 숲에 있어요.

3 The (lion / wolf) is in the cage. 사자가 우리에 있어요.

4 The (gorilla / zebra) eats fruits. 고릴라가 과일을 먹어요.

5 The (tiger / monkey) likes eating bananas. 원숭이는 바나나 먹는 것을 좋아해요.

6 He met a (bear / fox) in the forest. 그는 숲에서 곰을 만났어요.

7 The boy is looking at the (monkey / fox). 소년이 여우를 보고 있어요.

8 The (alligator / bear) lives in the river. 악어는 강에 살아요.

9 There is a (wolf / lion) under the tree. 나무 아래에 늑대 한 마리가 있어요.

10 There are two (elephants / alligators) at the zoo. 동물원에 두 마리의 코끼리가 있어요.

주어진 단어를 활용해 문장을 완성해 보세요.

I think the __________ is cute.
가장 귀여운 야생 동물은 무엇인가요?

I think the __________ is scary.
가장 무서운 야생 동물은 무엇인가요?

I think the __________ is strong.
가장 힘이 센 야생 동물은 무엇인가요?

I saw a(n) __________ this year.
올해 보았던 야생 동물이 있나요?

I want to keep a(n) __________.
키우고 싶은 야생 동물이 있나요?

Wild animals

- tiger
- lion
- elephant
- bear
- gorilla
- monkey
- alligator
- wolf
- fox
- zebra

Look 모습

 그림을 보며 단어를 익힌 후, 빈칸에 단어를 따라 써 보세요. 13

new
새로운

new

ugly
못생긴

ugly

tall
키가 큰

tall

fat
뚱뚱한

fat

pretty
예쁜

pretty

beautiful
아름다운

beautiful

heavy
무거운

heavy

light
가벼운

light

bright
밝은

bright

dark
어두운

dark

 그림을 보고, 빈칸에 알맞은 말을 써넣으세요.

1

look

The TV looks ____________.

그 텔레비전은 새것처럼 보여요.

2

is

The alligator is ____________.

악어는 못생겼어요.

3

is

He is ____________.

그는 키가 커요.

4

too

He is too ____________.

그는 너무 뚱뚱해요.

5

flowers

There are ____________ flowers.

예쁜 꽃들이 있어요.

6

is

She is ____________.

그녀는 아름다워요.

7

is

He is ____________.

그는 무거워요.

8

is

She is ____________.

그녀는 가벼워요.

9

too

This room is too ____________.

이 방은 너무 밝아요.

10

too

This room is too ____________.

이 방은 너무 어두워요.

B 그림에 해당하는 낱말을 바르게 쓰고, ○안에 알맞은 알파벳을 쓰세요.

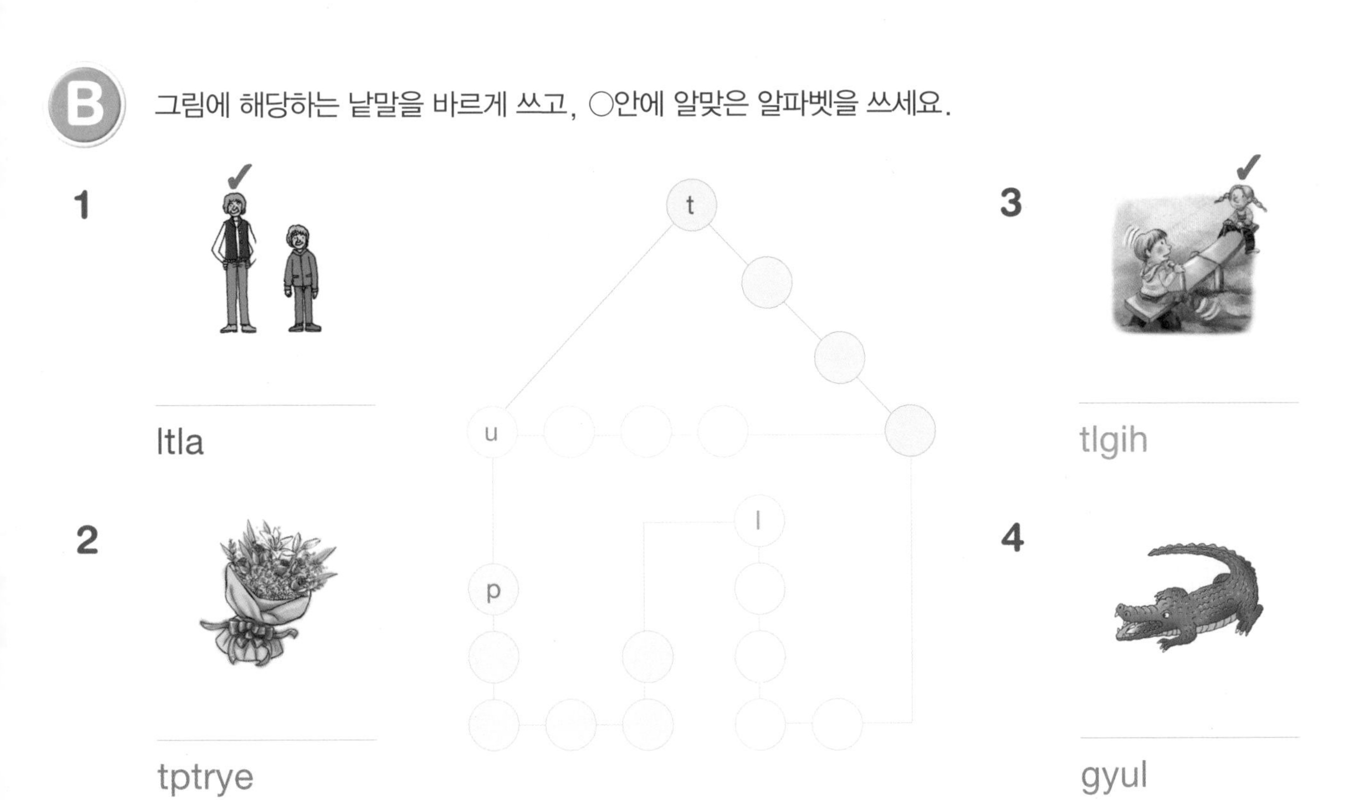

1 ltla

2 tptrye

3 tlgih

4 gyul

C 그림에 알맞은 낱말을 퍼즐에서 찾아 ○표 하고, 해당하는 그림과 연결하세요.

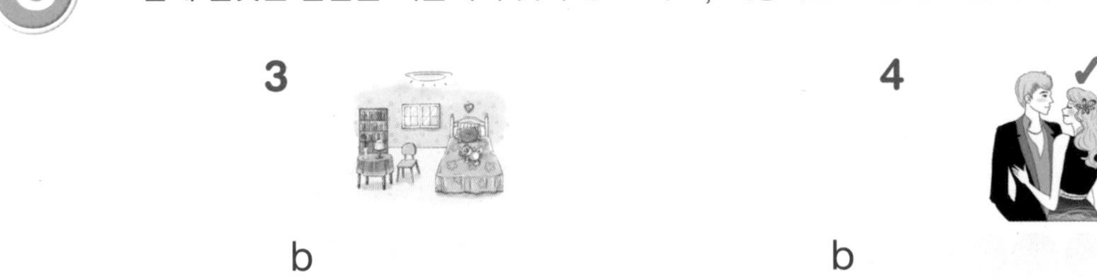

3 b

4 b

d	m	b	s	b	t	b	n	s	p
t	a	y	h	e	a	v	y	p	u
v	t	r	x	a	p	r	l	a	f
m	u	h	k	u	u	k	i	q	d
f	q	q	g	t	j	d	c	s	h
e	z	p	c	i	f	a	t	k	i
e	n	i	k	f	r	k	i	k	c
y	p	i	l	u	u	b	o	e	y
q	h	x	r	l	j	u	b	k	x
r	a	d	n	e	w	e	n	v	w

1 d

2 f

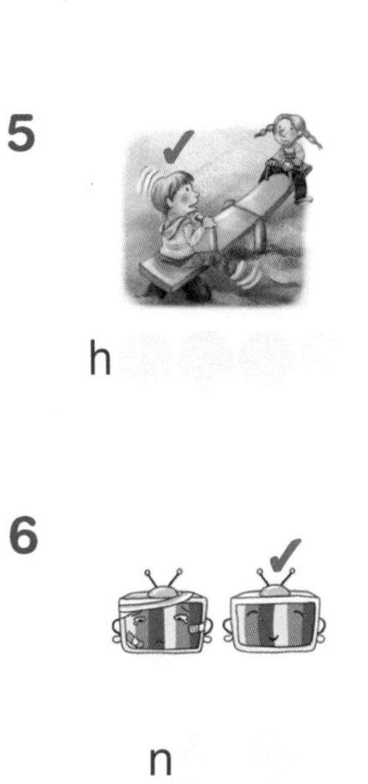

5 h

6 n

 문장을 읽고, 알맞은 단어에 ○표 하세요.

1 This is a (light / tall) doll. 이것은 가벼운 인형이에요.

2 My cat is (fat / new). 내 고양이는 뚱뚱해요.

3 I bought a (new / light) bag. 나는 새로운 가방을 샀어요.

4 The gorilla is (pretty / ugly). 고릴라는 못생겼어요.

5 My sister has a (pretty / dark) face. 우리 언니의 얼굴은 예뻐요.

6 My teacher is (bright / tall). 우리 선생님은 키가 커요.

7 The girl is wearing a (beautiful / bright) dress. 소녀는 밝은 드레스를 입고 있어요.

8 The city has a (tall / beautiful) park. 그 도시에는 아름다운 공원이 있어요.

9 The boy can carry that (fat / heavy) box. 소년은 저 무거운 상자를 나를 수 있어요.

10 The girl doesn't like a (ugly / dark) room. 소녀는 어두운 방을 좋아하지 않아요.

 주어진 단어를 활용해 문장을 완성해 보세요.

He borrowed a __________ umbrella.
그는 새로운 우산을 빌렸어요.

She has a __________ friend.
그녀는 키가 큰 친구가 있어요.

My mother has a __________ ring.
우리 엄마는 예쁜 반지가 있어요.

His cellphone is very __________.
그의 휴대폰은 정말 가벼워요.

We are wearing __________ clothes.
우리는 어두운 옷을 입고 있어요.

Look

- new
- ugly
- tall
- fat
- pretty
- beautiful
- heavy
- light
- bright
- dark

Colors

 그림을 보며 단어를 익힌 후, 빈칸에 단어를 따라 써 보세요. 14

red
빨간색의, 빨강

red

blue
파란색의, 파랑

blue

yellow
노란색의, 노랑

yellow

green
녹색의, 녹색

green

purple
보라색의, 보라

purple

pink
분홍색의, 핑크색의, 분홍

pink

brown
갈색의, 갈색

brown

gray
회색의, 회색
= grey

gray

black
검은색의, 검정

black

white
흰색의, 하양

white

 그림을 보고, 빈칸에 알맞은 말을 써넣으세요.

1

hair

She has hair.

그녀의 머리는 빨간색이에요.

2

hair

He has hair.

그의 머리는 파란색이에요.

3

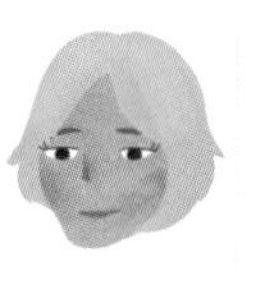

hair

She has hair.

그녀의 머리는 노란색이에요.

4

hair

He has hair.

그의 머리는 녹색이에요.

5

hair

He has hair.

그의 머리는 보라색이에요.

6

hair

She has hair.

그녀의 머리는 분홍색이에요.

7

hair

She has hair.

그녀의 머리는 갈색이에요.

8

hair

She has hair.

그녀의 머리는 회색이에요.

9

hair

He has hair.

그의 머리는 검은색이에요.

10

hair

She has hair.

그녀의 머리는 흰색이에요.

B 그림을 보고, 알파벳을 연결하여 낱말을 완성한 후 빈칸에 써넣으세요.

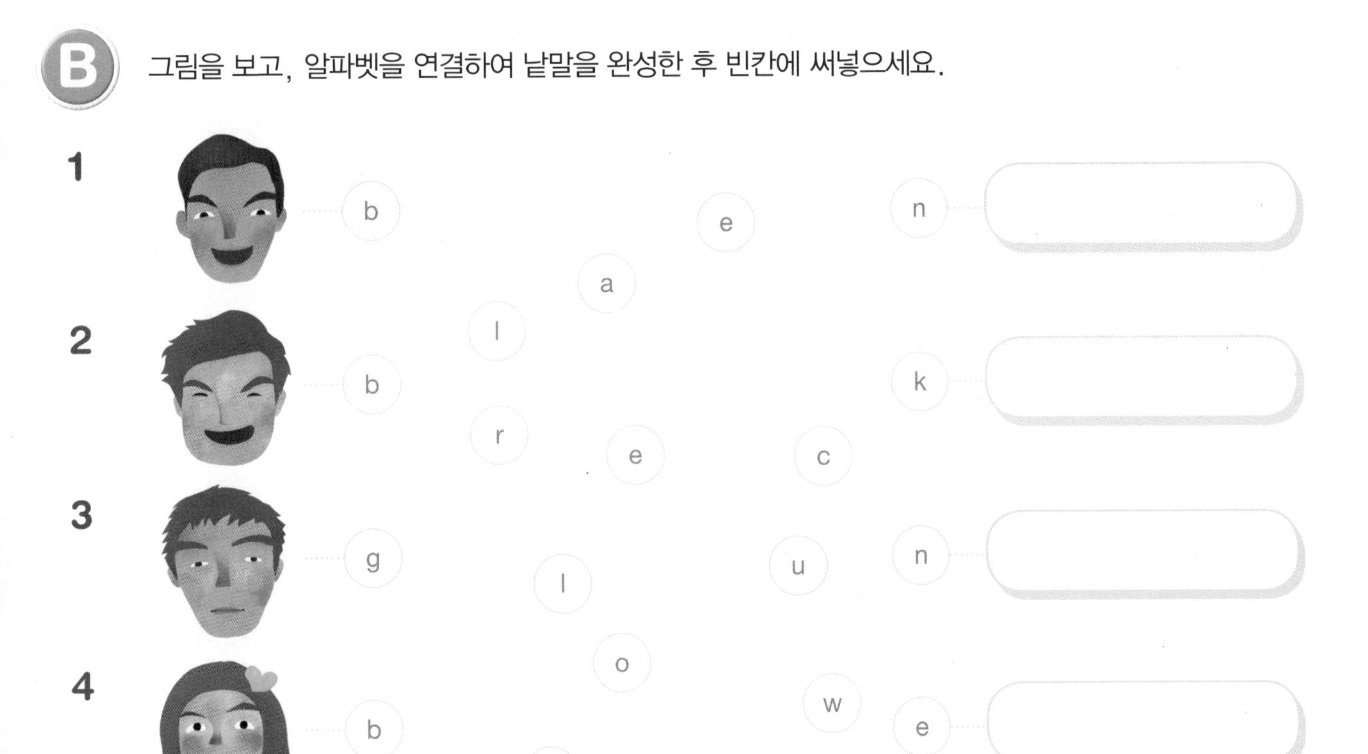

C 그림에 알맞은 낱말을 퍼즐에서 찾아 ○표 하고, 해당하는 그림과 연결하세요.

3 y

4 p

1 p

2 w

5 r

6 g

e	l	w	o	l	l	e	y	e	x
e	z	z	j	a	u	u	s	l	a
p	c	e	p	h	o	g	l	p	e
h	i	j	o	s	b	y	e	r	t
e	q	n	q	f	u	i	h	u	m
r	e	u	k	r	f	b	e	p	s
i	j	t	z	i	d	r	s	a	s
s	p	r	i	e	b	w	t	p	c
j	o	r	r	h	g	r	a	y	x
j	l	r	d	a	w	m	z	j	c

D 문장을 읽고, 알맞은 단어에 ○표 하세요.

1 The grass is (white / green). 잔디가 녹색이에요.

2 His eyes are (yellow / brown). 그의 눈은 갈색이에요.

3 The man bought a (yellow / gray) watch. 그 남자는 노란 시계를 샀어요.

4 I saw (blue / white) clouds. 나는 하얀색 구름을 보았어요.

5 The girl has a (green / red) sweater. 소녀는 빨간 스웨터가 있어요.

6 The boy is looking at the (brown / blue) sky. 소년은 파란 하늘을 보고 있어요.

7 She is wearing a (pink / blue) dress. 그녀는 분홍색 드레스를 입고 있어요.

8 (Red / Purple) is my favorite color. 보라색은 내가 가장 좋아하는 색이에요.

9 My grandmother has (white / gray) hair. 우리 할머니의 머리 색은 회색이에요.

10 The woman has a (black / green) jacket. 그 여자는 검은색 재킷이 있어요.

주어진 단어를 활용해 문장을 완성해 보세요.

I have a __________ bag.
내 가방은 어떤 색인가요?

I have a __________ wallet.
내 지갑은 어떤 색인가요?

I have a __________ umbrella.
내 우산은 어떤 색인가요?

I have __________ eyes.
내 눈동자는 어떤 색인가요?

My favorite color is __________.
가장 좋아하는 색은 어떤 색인가요?

Colors

- red
- blue
- yellow
- green
- purple
- pink
- brown
- gray
- black
- white

Clothes 옷

 그림을 보며 단어를 익힌 후, 빈칸에 단어를 따라 써 보세요. 15

clothes
옷

clothes

shirt
셔츠, 와이셔츠
T-shirt 티셔츠

shirt

blouse
블라우스

blouse

skirt
치마, 스커트

skirt

dress
드레스, (원피스형) 여성복

dress

pants
바지

pants

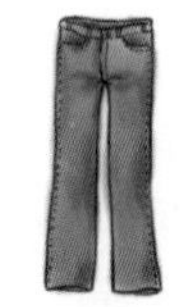

jeans
청바지

jeans

jacket
재킷, 짧은 웃옷

jacket

socks
양말

socks

shoes
신발

shoes

 그림을 보고, 빈칸에 알맞은 말을 써넣으세요.

1

some

I need some .

나는 몇 벌의 옷이 필요해요.

2

wear a

He wears a .

그는 셔츠를 입어요.

3

wear a

She wears a .

그녀는 블라우스를 입어요.

4

wear a

She wears a .

그녀는 치마를 입어요.

5

wear a

She wears a .

그녀는 드레스를 입어요.

6

wear

He wears .

그는 바지를 입어요.

7

wear

He wears .

그는 청바지를 입어요.

8

wear a

She wears a .

그녀는 재킷을 입어요.

9

wear

She wears .

그녀는 양말을 신어요.

10

wear

He wears .

그는 신발을 신어요.

B 그림에 해당하는 낱말을 바르게 쓰고, ○안에 알맞은 알파벳을 쓰세요.

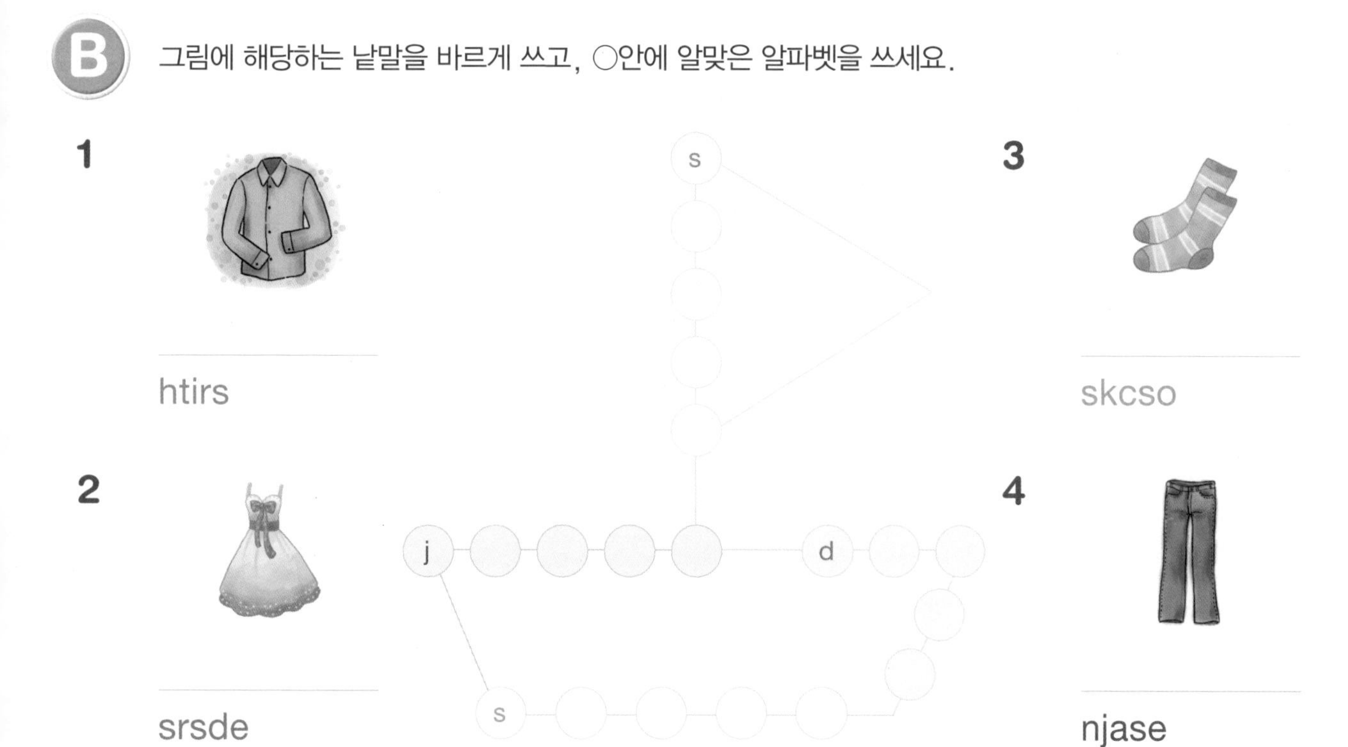

1 htirs

2 srsde

3 skcso

4 njase

C 그림에 알맞은 낱말을 퍼즐에서 찾아 ○표 하고, 해당하는 그림과 연결하세요.

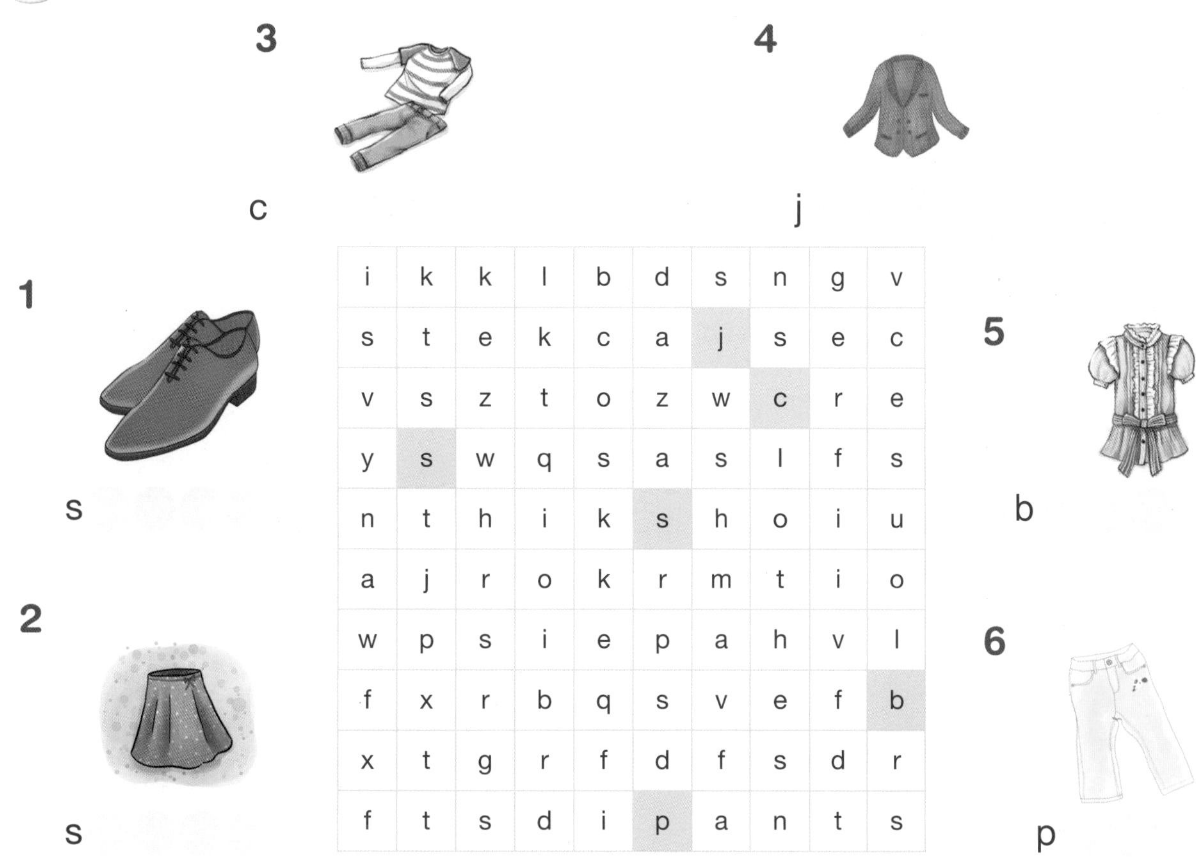

1 s

2 s

3 c

4 j

5 b

6 p

i	k	k	l	b	d	s	n	g	v
s	t	e	k	c	a	j	s	e	c
v	s	z	t	o	z	w	c	r	e
y	s	w	q	s	a	s	l	f	s
n	t	h	i	k	s	h	o	i	u
a	j	r	o	k	r	m	t	i	o
w	p	s	i	e	p	a	h	v	l
f	x	r	b	q	s	v	e	f	b
x	t	g	r	f	d	f	s	d	r
f	t	s	d	i	p	a	n	t	s

DAY 15

D 문장을 읽고, 알맞은 단어에 ○표 하세요.

1 I don't like this (skirt / shirt). 나는 이 셔츠가 싫어요.

2 Her (shoes / dress) is beautiful. 그녀의 드레스는 아름다워요.

3 The boy needs new (clothes / jeans). 소년은 새 옷이 필요해요.

4 The girl is wearing a pink (blouse / socks). 소녀는 분홍색 블라우스를 입고 있어요.

5 My mother is wearing a long (skirt / jacket). 우리 엄마는 긴 치마를 입고 있어요.

6 She put her (skirt / jeans) in the basket. 그녀는 청바지를 바구니에 넣었어요.

7 My brother is wearing thick (socks / pants). 내 남동생은 두꺼운 양말을 신고 있어요.

8 Can I try on that (shirt / jacket)? 저 재킷을 입어봐도 되나요?

9 His (clothes / shoes) are under the desk. 그의 신발이 책상 밑에 있어요.

10 The man bought brown (pants / socks) yesterday. 남자는 어제 갈색 바지를 샀어요.

주어진 단어를 활용해 문장을 완성해 보세요.

I want to buy __________.
가장 사고 싶은 옷은 무엇인가요?

I often wear __________.
가장 자주 입는 옷은 무엇인가요?

I am wearing __________ today.
오늘은 어떤 옷을 입고 있나요?

I wore __________ yesterday.
어제는 어떤 옷을 입었나요?

We always wear clean __________.
우리는 언제나 깨끗한 옷을 입어요.

Clothes

- clothes
- shirt
- blouse
- skirt
- dress
- pants
- jeans
- jacket
- socks
- shoes

DAY 16 Feelings 감정

그림을 보며 단어를 익힌 후, 빈칸에 단어를 따라 써 보세요. 16

happy
행복한

happy

sad
슬픈

sad

glad
기쁜, 즐거운, 반가운

glad

angry
화가 난

angry

bored
지루한

bored

excited
신 나는, 들뜬, 흥분한

excited

sorry
미안한

sorry

thank
~에게 감사하다

thank

love
사랑하다, 몹시 좋아하다

love

hate
몹시 싫어하다, 미워하다

hate

그림을 보고, 빈칸에 알맞은 말을 써넣으세요.

1

very

She is very ______.

그녀는 매우 행복해요.

2

very

This movie is very ______.

이 영화는 매우 슬퍼요.

3

I'm

I'm ______ to meet you.

만나서 반가워요.

4

very

He is very ______.

그는 매우 화가 났어요.

5

is

She is ______.

그녀는 지루해요.

6

is

He is ______.

그는 신이 났어요.

7

so

I'm so ______.

정말 미안해.

8

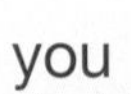

you

______ you for the flowers.

꽃을 줘서 고맙구나.

9

s her

He ______s her.

그는 그녀를 사랑해요.

10

s math

He ______s math.

그는 수학을 몹시 싫어해요.

B 그림을 보고, 알파벳을 연결하여 낱말을 완성한 후 빈칸에 써넣으세요.

C 그림에 알맞은 낱말을 퍼즐에서 찾아 ○표 하고, 해당하는 그림과 연결하세요.

3 e

4 a

1 h

2 s

g	m	m	k	g	t	x	r	c	k
n	l	g	r	a	n	g	r	y	m
n	y	p	r	h	o	l	a	i	j
e	a	k	n	a	h	t	c	m	l
c	x	e	t	p	u	r	r	h	r
s	d	c	x	p	i	y	a	z	y
t	n	x	i	y	g	t	s	d	v
d	a	s	s	t	e	a	n	c	s
s	n	d	s	v	e	b	a	u	i
k	t	u	d	u	g	d	j	o	k

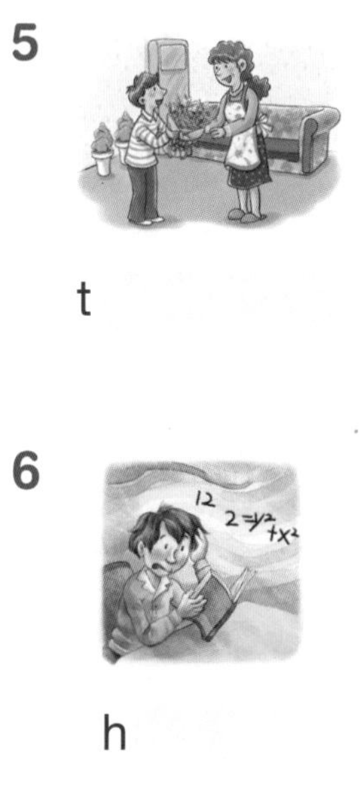

5 t

6 h

D 문장을 읽고, 알맞은 단어에 ○표 하세요.

1 I am (bored / hate). 나는 지루해요.

2 The boy is truly (sorry / sad). 소년은 정말로 미안해해요.

3 He is a (happy / angry) man. 그는 행복한 사람이에요.

4 She (hates / glad) this picture. 그녀는 이 사진을 싫어해요.

5 She looks so (sad / bored). 그녀는 너무 슬퍼 보여요.

6 He is (thank / angry) at me. 그는 나에게 화가 났어요.

7 I am (sorry / glad) to help the boy. 나는 그 소년을 돕게 되어 기뻐요.

8 (Happy / Thank) you for your time. 시간을 내주셔서 감사해요.

9 The girl is (excited / love) about this trip. 소녀는 이번 여행에 신이 났어요.

10 My grandfather (thanks / loves) me. 우리 할아버지는 나를 사랑하세요.

E 주어진 단어를 활용해 문장을 완성해 보세요.

I feel __________ when I stay home alone.
집에 혼자 있을 때 어떤 기분이 드나요?

I feel __________ when I play a sport.
운동 경기를 할 때 어떤 기분이 드나요?

I feel __________ when I eat delicious food.
맛있는 음식을 먹을 때 어떤 기분이 드나요?

I __________ my parents all the time.
나는 언제나 부모님께 감사해요.

I __________ my friends!
나는 내 친구들을 사랑해요!

Feelings

- happy
- sad
- glad
- angry
- bored
- excited
- sorry
- thank
- love
- hate

School

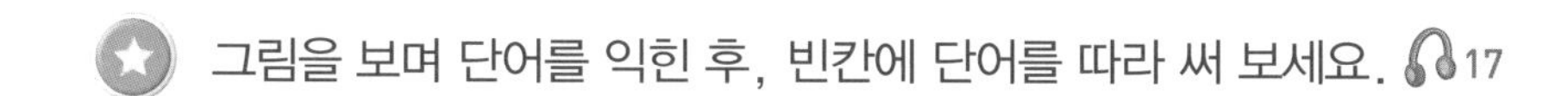

그림을 보며 단어를 익힌 후, 빈칸에 단어를 따라 써 보세요. 17

school
학교

school

class
학급, 반

class

teacher
교사, 선생님

teacher

student
학생

student

friend
친구

friend

blackboard
칠판

blackboard

chalk
분필

chalk

desk
책상

desk

chair
의자

chair

absent
결석한

absent

그림을 보고, 빈칸에 알맞은 말을 써넣으세요.

1

go to

I go to .

나는 학교에 가요.

2

in my

There are ten girls in my .

우리 반에는 열 명의 소녀가 있어요.

3

my

She is my .

그녀는 우리 선생님이에요.

4

good

He is a good .

그는 훌륭한 학생이에요.

5

my

He is my .

그는 나의 친구예요.

6

on the

I draw a picture on the .

나는 칠판에 그림을 그려요.

7

with

I draw a picture with .

나는 분필로 그림을 그려요.

8

on the

There are books on the .

책상 위에 책이 있어요.

9

sit on a

I sit on a .

나는 의자에 앉아요.

10

from school

He is from school.

그는 학교에 결석을 해요.

B 그림에 해당하는 낱말을 바르게 쓰고, ○안에 알맞은 알파벳을 쓰세요.

1 slcsa

2 cthraee

3 etbans

4 kdse

C 그림에 알맞은 낱말을 퍼즐에서 찾아 ○표 하고, 해당하는 그림과 연결하세요.

3 

b

4 

s

1 

s

2 

c

b	t	d	n	e	i	r	f	y	t
f	l	h	n	v	d	s	a	e	n
i	d	a	g	z	l	r	b	g	e
u	r	x	c	o	s	h	e	q	d
c	m	x	o	k	w	n	e	w	u
v	f	h	s	c	b	p	a	f	t
u	c	q	p	h	m	o	t	p	s
s	p	k	l	a	h	c	a	e	o
c	o	m	b	i	x	g	z	r	o
d	n	f	x	r	b	w	w	b	d

5 

f

6 

c

문장을 읽고, 알맞은 단어에 ○표 하세요.

1 They go to (school / desk). 그들은 학교에 가요.

2 My father bought a new (chair / school). 우리 아빠가 새 의자를 샀어요.

3 I need a piece of (chalk / chair). 나는 분필 한 개가 필요해요.

4 His (friend / teacher) teaches math. 그의 선생님은 수학을 가르쳐요.

5 I am a tall boy in my (chalk / class). 나는 우리 반에서 키가 큰 소년이에요.

6 Her (chairs / friends) are playing tennis. 그녀의 친구들이 테니스를 치고 있어요.

7 The (student / absent) learns English. 학생이 영어를 배워요.

8 There are two cats on the (class / desk). 고양이 두 마리가 책상 위에 있어요.

9 The girl was (class / absent) from school today. 소녀는 오늘 학교에 결석했어요.

10 The boy is drawing a picture on the (blackboard / desk). 소년은 칠판에 그림을 그려요.

주어진 단어를 활용해 문장을 완성해 보세요.

I go to __________ early in the morning.
나는 아침 일찍 학교에 가요.

My __________ is very kind.
우리 선생님은 정말 친절해요.

I am an elementary school __________.
나는 초등학생이에요.

My best __________ likes music.
나의 가장 친한 친구는 음악을 좋아해요.

My __________ is always clean.
내 책상은 항상 깨끗해요.

School

- school
- class
- teacher
- student
- friend
- blackboard
- chalk
- desk
- chair
- absent

School supplies 학용품

 그림을 보며 단어를 익힌 후, 빈칸에 단어를 따라 써 보세요. 18

bag
가방

pencil
연필

pencil

book
책

textbook
교과서

textbook

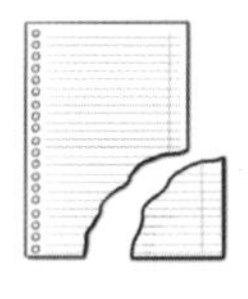

paper
종이

paper

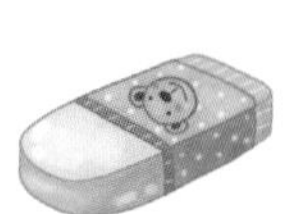

eraser
지우개

eraser

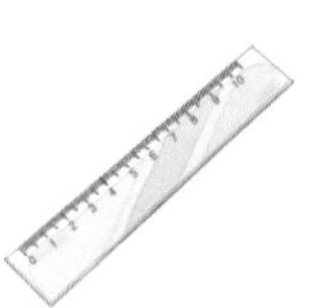

ruler
자

ruler

cutter
칼

cutter

scissors
가위

scissors

glue
풀, 접착제

glue

 그림을 보고, 빈칸에 알맞은 말을 써넣으세요.

1

have a

I have a .

나는 가방이 있어요.

2

your

May I use your ?

너의 연필을 사용해도 될까?

3

your

May I borrow your ?

너의 책을 빌려도 될까?

4

read a

Let's read a .

교과서를 읽자.

5

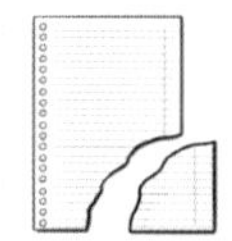

your

May I use your ?

너의 종이를 사용해도 될까?

6

your

May I use your ?

너의 지우개를 사용해도 될까?

7

your

May I use your ?

너의 자를 사용해도 될까?

8

your

May I use your ?

너의 칼을 사용해도 될까?

9

a pair of

I have a pair of .

나는 가위 한 개가 있어요.

10

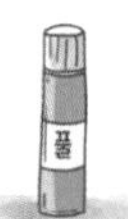

your

May I use your ?

너의 풀을 사용해도 될까?

B 그림을 보고, 알파벳을 연결하여 낱말을 완성한 후 빈칸에 써넣으세요.

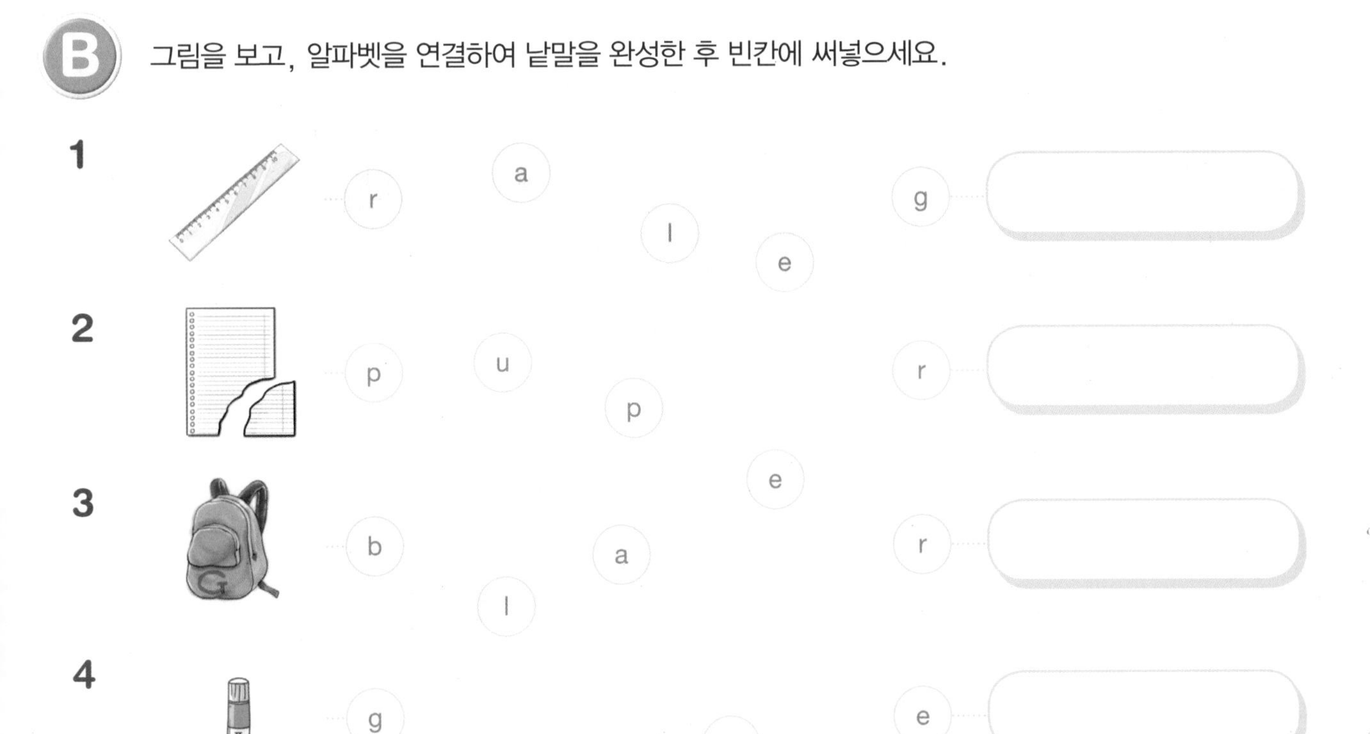

C 그림에 알맞은 낱말을 퍼즐에서 찾아 ○표 하고, 해당하는 그림과 연결하세요.

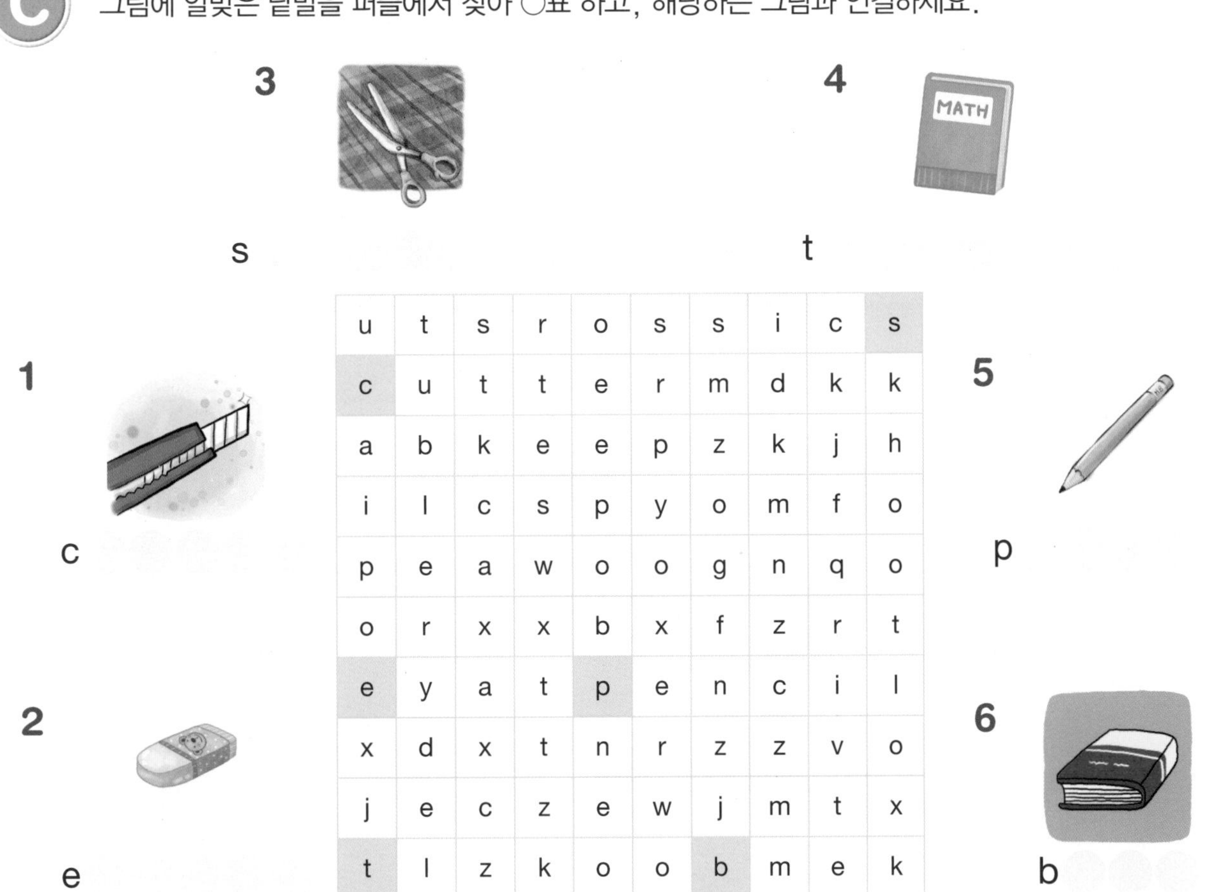

u	t	s	r	o	s	s	i	c	s
c	u	t	t	e	r	m	d	k	k
a	b	k	e	e	p	z	k	j	h
i	l	c	s	p	y	o	m	f	o
p	e	a	w	o	o	g	n	q	o
o	r	x	x	b	x	f	z	r	t
e	y	a	t	p	e	n	c	i	l
x	d	x	t	n	r	z	z	v	o
j	e	c	z	e	w	j	m	t	x
t	l	z	k	o	o	b	m	e	k

문장을 읽고, 알맞은 단어에 ○표 하세요.

1 I need a (cutter / paper). 나는 칼이 필요해요.

2 I have two (pencils / erasers). 나는 지우개 두 개가 있어요.

3 My brother has a brown (paper / bag). 우리 형은 갈색 가방이 있어요.

4 This is a new (textbook / cutter). 이것은 새 교과서예요.

5 My sister is using a (glue / book). 내 여동생은 풀을 사용하고 있어요.

6 The (eraser / pencil) is on the desk. 연필이 책상 위에 있어요.

7 The (scissors / erasers) are under the desk. 가위가 책상 아래에 있어요.

8 This (book / ruler) is interesting. 이 책은 재미있어요.

9 The girl draws a line on (glue / paper). 소녀는 종이 위에 선을 그어요.

10 She borrowed a (ruler / cutter) from her friend. 그녀는 친구에게서 자를 빌렸어요.

주어진 단어를 활용해 문장을 완성해 보세요.

I have many __________.
나는 연필이 많이 있어요.

I draw a picture on __________.
나는 종이 위에 그림을 그려요.

I bought a new __________.
나는 새 지우개를 샀어요.

I can cut a piece of paper with __________.
나는 가위로 종이를 자를 수 있어요.

I have a __________ and a cutter.
나는 자와 칼이 있어요.

School supplies

- bag
- pencil
- book
- textbook
- paper
- eraser
- ruler
- cutter
- scissors
- glue

Nature 자연

 그림을 보며 단어를 익힌 후, 빈칸에 단어를 따라 써 보세요. 19

sun
태양, 해

moon
달

star
별

star

sky
하늘

mountain
산

mountain

land
땅, 육지

tree
나무

tree

river
강

river

lake
호수

lake

sea
바다

sea

 그림을 보고, 빈칸에 알맞은 말을 써넣으세요.

1

the ______

Look at the ______.

태양을 보세요.

2

the ______

Look at the ______.

달을 보세요.

3

the ______s

Look at the ______s.

별들을 보세요.

4

the ______

Look at the ______.

하늘을 보세요.

5

the ______s

Let's go to the ______s.

산으로 가요.

6

the ______

Look at the ______.

땅을 보세요.

7

grow ______s

I grow ______s.

나는 나무를 길러요.

8

the ______

Let's go to the ______.

강으로 가요.

9

the ______

Let's go to the ______.

호수로 가요.

10

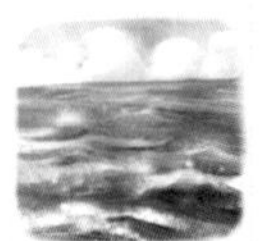

the ______

Let's go to the ______.

바다로 가요.

그림에 해당하는 낱말을 바르게 쓰고, ○안에 알맞은 알파벳을 쓰세요.

1

omno

2

klea

r

l

s

m

3

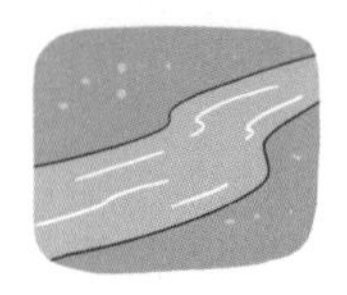

rvire

4

nus

그림에 알맞은 낱말을 퍼즐에서 찾아 ○표 하고, 해당하는 그림과 연결하세요.

3

m

4

l

1

s

2

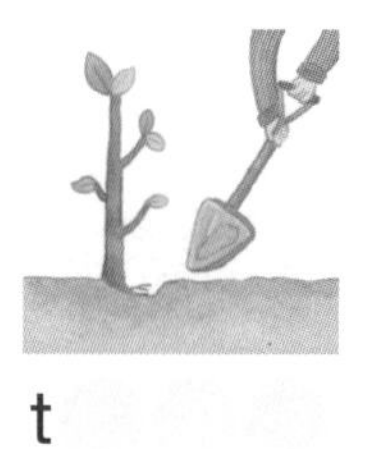

t

e	g	m	p	w	l	a	n	d	n
l	g	o	s	t	o	a	n	r	r
e	u	u	v	k	j	l	a	j	f
e	e	n	b	p	y	t	l	b	a
r	j	t	j	t	s	o	n	e	o
t	x	a	m	i	t	d	s	z	y
s	d	i	g	e	i	p	n	y	n
u	b	n	u	o	i	a	j	s	f
k	g	b	u	i	t	x	f	k	v
g	u	s	y	z	m	o	b	b	j

5

s

6

s

D 문장을 읽고, 알맞은 단어에 ○표 하세요.

1 The (lake / moon) is very bright. 달이 매우 밝아요.

2 The (sun / land) rises in the east. 태양은 동쪽에서 떠요.

3 That is a very bright (river / star). 저것은 매우 밝은 별이에요.

4 People live on (land / lake). 사람들은 땅에 살아요.

5 They are crossing the (river / land). 그들이 강을 건너고 있어요.

6 The boy is looking at the blue (sea / sky). 소년은 푸른 하늘을 보고 있어요.

7 There are two goats under the (tree / moon). 나무 아래에 염소 두 마리가 있어요.

8 People are swimming in the (tree / lake). 사람들이 호수에서 수영하고 있어요.

9 My father likes going to the (mountain / moon). 우리 아빠는 산에 가는 것을 좋아해요.

10 The girl is going to the (sea / sun) this summer. 소녀는 이번 여름에 바다에 갈 거예요.

E 주어진 단어를 활용해 문장을 완성해 보세요.

The earth is far from the __________.
지구는 태양에서 멀어요.

There are many __________ in the night sky.
밤하늘에 별이 많아요.

I can see birds in the __________.
나는 산에서 새들을 볼 수 있어요.

Fish live in the river or __________.
물고기는 강이나 바다에 살아요.

I want to see a big __________.
나는 큰 호수를 보고 싶어요.

Nature

- sun
- moon
- star
- sky
- mountain
- land
- tree
- river
- lake
- sea

DAY
20

Weather

날씨

듣고 따라하는
원어민 발음

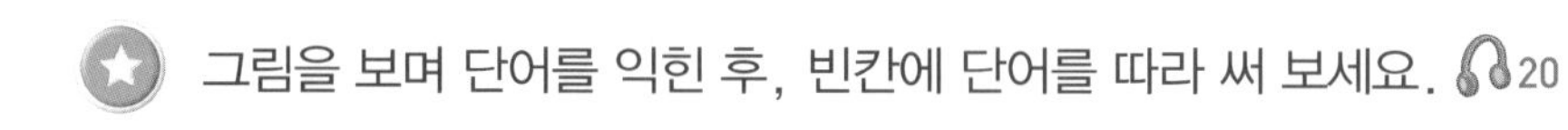
그림을 보며 단어를 익힌 후, 빈칸에 단어를 따라 써 보세요. 20

hot
hot
뜨거운, 더운
cold
cold
차가운, 추운
warm
warm
따뜻한
cool
cool
시원한
sunny
sunny
맑은, 화창한
cloudy
cloudy
흐린, 구름이 많은
foggy
foggy
안개가 낀
windy
windy
바람이 부는, 바람이 센
rainy
rainy
비가 오는
snowy
snowy
눈이 내리는

그림을 보고, 빈칸에 알맞은 말을 써넣으세요.

1

It is

It is today.

오늘은 날씨가 더워요.

2

It is

It is today.

오늘은 날씨가 추워요.

3

It is

It is today.

오늘은 날씨가 따뜻해요.

4

It is

It is today.

오늘은 날씨가 시원해요.

5

It is

It is today.

오늘은 날씨가 맑아요.

6

It is

It is today.

오늘은 날씨가 흐려요.

7

It is

It is today.

오늘은 안개가 꼈어요.

8

It is

It is today.

오늘은 바람이 불어요.

9

It is

It is today.

오늘은 비가 와요.

10

It is

It is today.

오늘은 눈이 내려요.

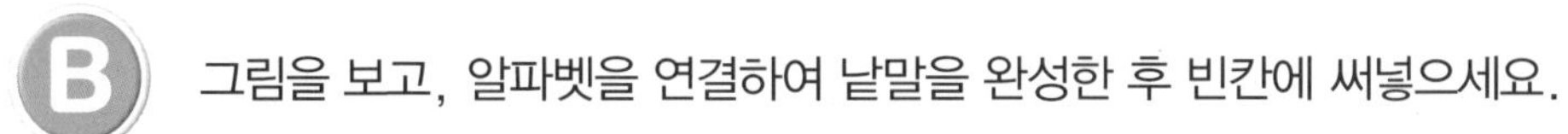

B 그림을 보고, 알파벳을 연결하여 낱말을 완성한 후 빈칸에 써넣으세요.

C 그림에 알맞은 낱말을 퍼즐에서 찾아 ○표 하고, 해당하는 그림과 연결하세요.

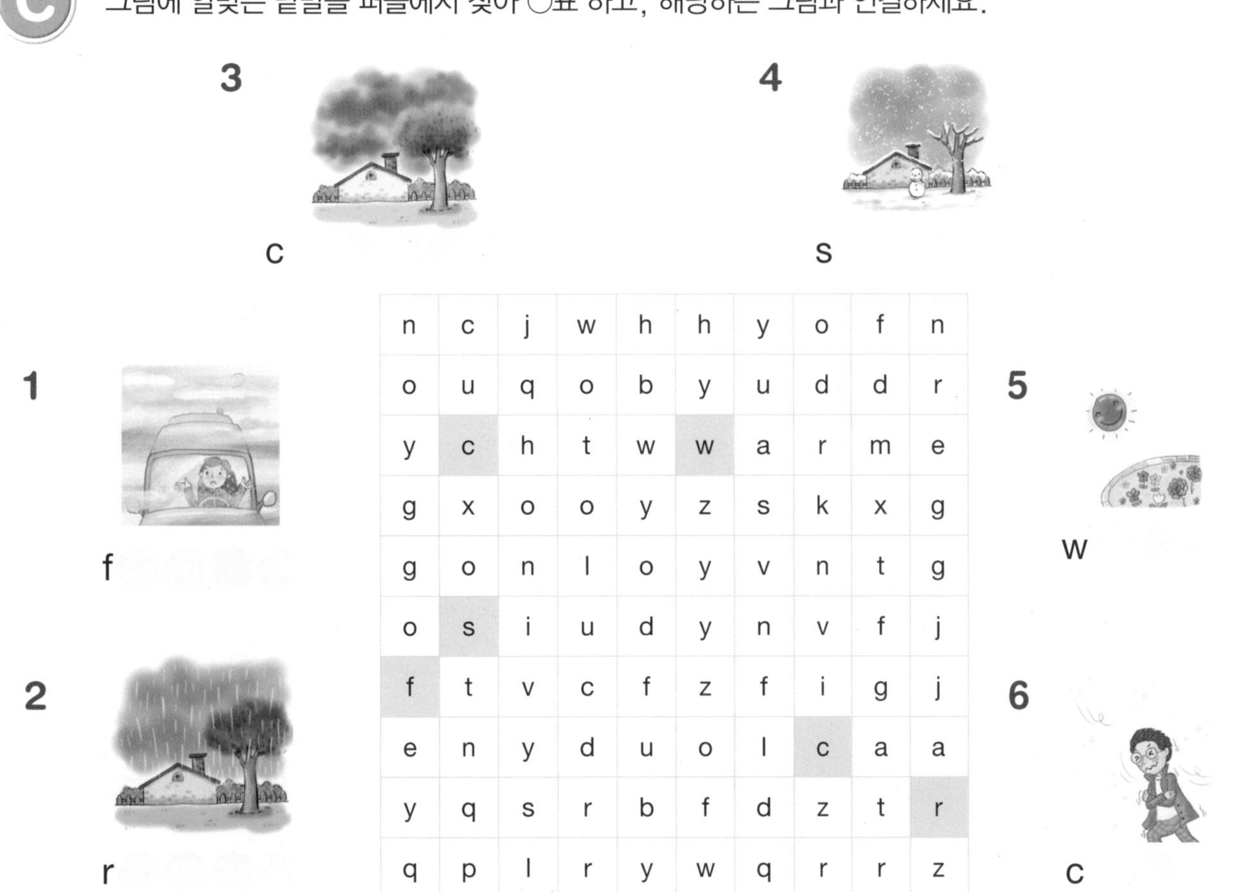

n	c	j	w	h	h	y	o	f	n
o	u	q	o	b	y	u	d	d	r
y	c	h	t	w	w	a	r	m	e
g	x	o	o	y	z	s	k	x	g
g	o	n	l	o	y	v	n	t	g
o	s	i	u	d	y	n	v	f	j
f	t	v	c	f	z	f	i	g	j
e	n	y	d	u	o	l	c	a	a
y	q	s	r	b	f	d	z	t	r
q	p	l	r	y	w	q	r	r	z

D 문장을 읽고, 알맞은 단어에 ○표 하세요.

1 Spring is (warm / rainy). 봄은 따뜻해요.

2 It is a (hot / cool) day today. 오늘은 더운 날이에요.

3 The weather is (foggy / sunny). 날씨가 화창해요.

4 It was (foggy / cold) this morning. 오늘 아침에 안개가 꼈어요.

5 He doesn't like (cloudy / cold) winter. 그는 추운 겨울을 싫어해요.

6 The wind is so (cool / snowy). 바람이 너무 시원해요.

7 My brother likes (cloudy / rainy) days. 우리 오빠는 비 오는 날을 좋아해요.

8 It is a little (snowy / cloudy) in my town. 우리 마을에는 구름이 약간 꼈어요.

9 My friend likes (cool / windy) days in autumn. 내 친구는 가을에 바람 부는 날을 좋아해요.

10 Many people enjoy (snowy / hot) days. 많은 사람들이 눈 오는 날을 즐겨요.

주어진 단어를 활용해 문장을 완성해 보세요.

I like __________ weather in the morning.
아침에는 어떤 날씨를 좋아하나요?

I like __________ weather in spring.
봄에는 어떤 날씨를 좋아하나요?

I like __________ weather in summer.
여름에는 어떤 날씨를 좋아하나요?

I like __________ weather in autumn.
가을에는 어떤 날씨를 좋아하나요?

I like __________ weather in winter.
겨울에는 어떤 날씨를 좋아하나요?

Weather

- hot
- cold
- warm
- cool
- sunny
- cloudy
- foggy
- windy
- rainy
- snowy

DAY
21

Jobs

직업

듣고 따라하는
원어민 발음

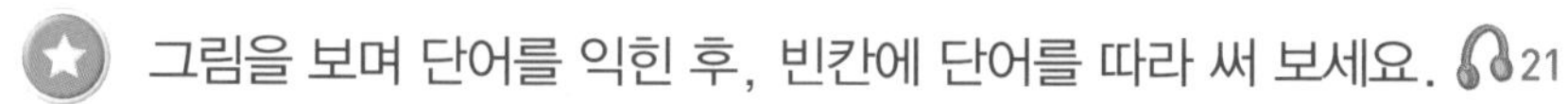
그림을 보며 단어를 익힌 후, 빈칸에 단어를 따라 써 보세요. 21

cook
cook
요리사
doctor
doctor
의사
nurse
nurse
간호사
scientist
scientist
과학자
farmer
farmer
농부
police officer
police officer
경찰관
writer
writer
작가
artist
artist
예술가, 화가
musician
musician
음악가
model
model
모델

그림을 보고, 빈칸에 알맞은 말을 써넣으세요.

1

be a ______

I want to be a ______ .

나는 요리사가 되고 싶어요.

2

be a ______

I want to be a ______ .

나는 의사가 되고 싶어요.

3

be a ______

I want to be a ______ .

나는 간호사가 되고 싶어요.

4

be a ______

I want to be a ______ .

나는 과학자가 되고 싶어요.

5

be a ______

I want to be a ______ .

나는 농부가 되고 싶어요.

6

be a ______

I want to be a ______ .

나는 경찰관이 되고 싶어요.

7

be a ______

I want to be a ______ .

나는 작가가 되고 싶어요.

8

be an ______

I want to be an ______ .

나는 화가가 되고 싶어요.

9

be a ______

I want to be a ______ .

나는 음악가가 되고 싶어요.

10

be a ______

I want to be a ______ .

나는 모델이 되고 싶어요.

B 그림에 해당하는 낱말을 바르게 쓰고, ○안에 알맞은 알파벳을 쓰세요.

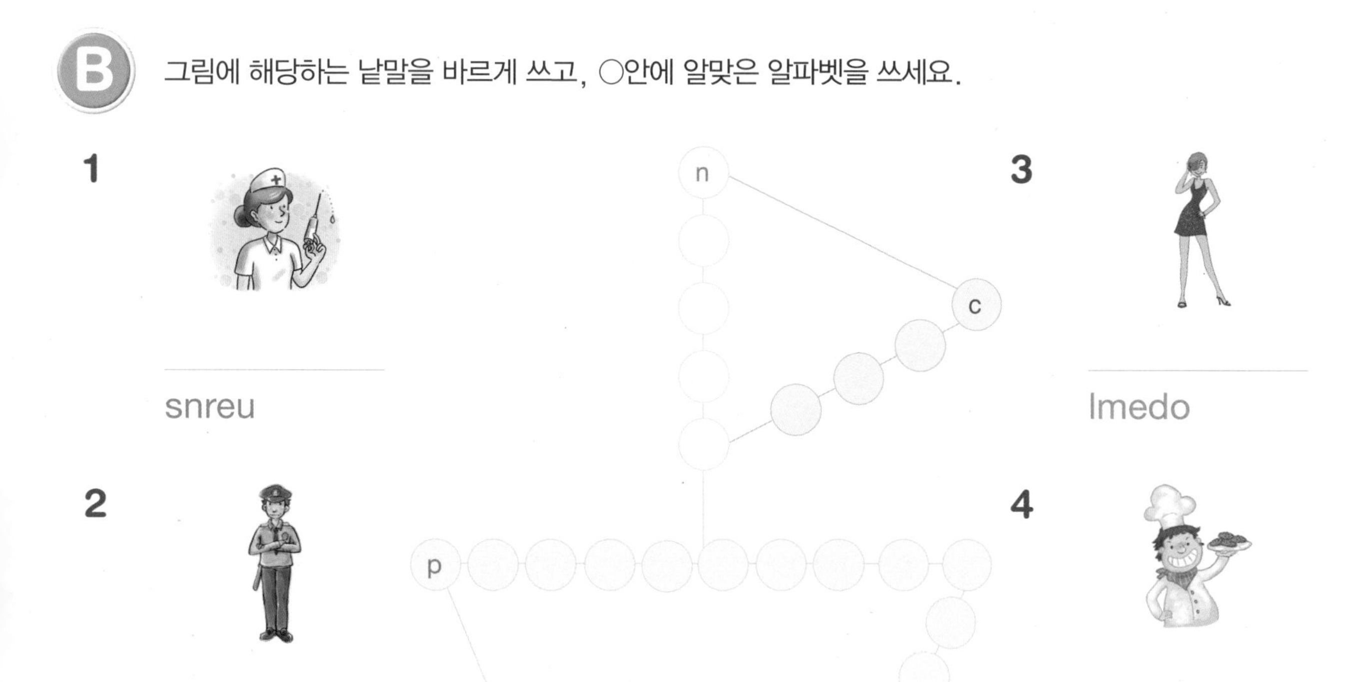

1 snreu

2 lopeic fcriefo

3 lmedo

4 ocko

n, c, p, m

C 그림에 알맞은 낱말을 퍼즐에서 찾아 ○표 하고, 해당하는 그림과 연결하세요.

3 

m

4 

s

1 

d

2 

w

e	c	p	j	q	r	z	s	y	s
n	a	i	c	i	s	u	m	r	c
d	o	c	t	o	r	a	x	r	i
x	n	n	a	m	c	y	e	e	e
u	t	r	c	a	o	t	e	m	n
r	x	s	t	z	i	z	f	r	t
o	e	i	i	r	a	f	q	a	i
z	o	e	w	t	m	k	x	f	s
n	z	n	t	l	r	n	d	p	t
p	k	k	h	b	u	a	i	k	f

5 

f

6 

a

D 문장을 읽고, 알맞은 단어에 ○표 하세요.

1 My father is a good (cook / artist). 우리 아빠는 훌륭한 요리사예요.

2 He is a famous (writer / musician). 그는 유명한 작가예요.

3 The (cook / farmer) raises two cows. 농부는 소 두 마리를 키워요.

4 I met a (doctor / police officer). 나는 경찰관을 만났어요.

5 The (nurse / model) is always kind. 간호사는 언제나 친절해요.

6 The (scientist / writer) has a new plan. 과학자는 새로운 계획이 있어요.

7 The fashion (farmer / model) is very slim. 패션모델은 매우 날씬해요.

8 The (doctor / writer) gave him a new drug. 의사가 그에게 새 약을 주었어요.

9 She saw some (nurses / artists) in the street. 그녀는 거리에서 예술가 몇 명을 보았어요.

10 That young (musician / scientist) plays the violin. 저 젊은 음악가는 바이올린을 연주해요.

주어진 단어를 활용해 문장을 완성해 보세요.

__________ make delicious food.
누가 맛있는 음식을 만드나요?

__________ help sick people.
누가 아픈 사람을 돕나요?

__________ wear a uniform.
누가 제복을 입나요?

__________ play an instrument.
누가 악기를 연주하나요?

__________ are usually tall.
키가 큰 사람들은 주로 무슨 일을 하나요?

Jobs

- cook
- doctor
- nurse
- scientist
- farmer
- police officer
- writer
- artist
- musician
- model

Sports 스포츠, 운동

 그림을 보며 단어를 익힌 후, 빈칸에 단어를 따라 써 보세요. 22

soccer
축구

soccer

baseball
야구

baseball

basketball
농구

basketball

volleyball
배구

table tennis
탁구
= ping-pong

table tennis

tennis
테니스

tennis

boxing
권투, 복싱

boxing

inline skates
인라인스케이트

inline skates

skate
스케이트를 타다
(ice) skates 스케이트

skate

ski
스키를 타다

ski

 그림을 보고, 빈칸에 알맞은 말을 써넣으세요.

1

play

We play .

우리는 축구를 해요.

2

play

Let's play .

우리 야구 하자.

3

play

We play .

우리는 농구를 해요.

4

play

Let's play .

우리 배구를 하자.

5

play

Let's play .

우리 탁구를 치자.

6

play

She plays .

그녀는 테니스를 쳐요.

7

learn

I want to learn .

나는 복싱을 배우고 싶어요.

8

ride

Let's ride .

우리 인라인스케이트를 타자.

9

in winter

We in winter.

우리는 겨울에 스케이트를 타요.

10

in winter

We in winter.

우리는 겨울에 스키를 타요.

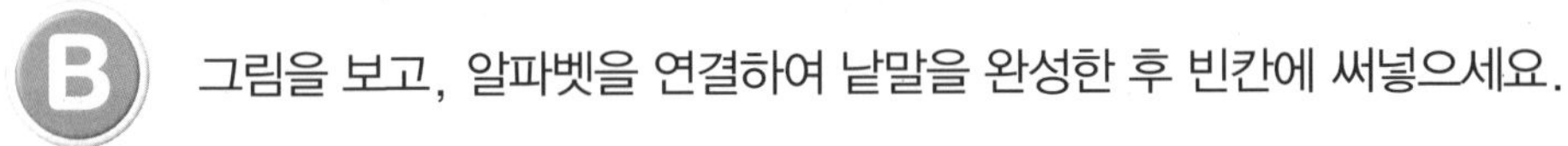

B 그림을 보고, 알파벳을 연결하여 낱말을 완성한 후 빈칸에 써넣으세요.

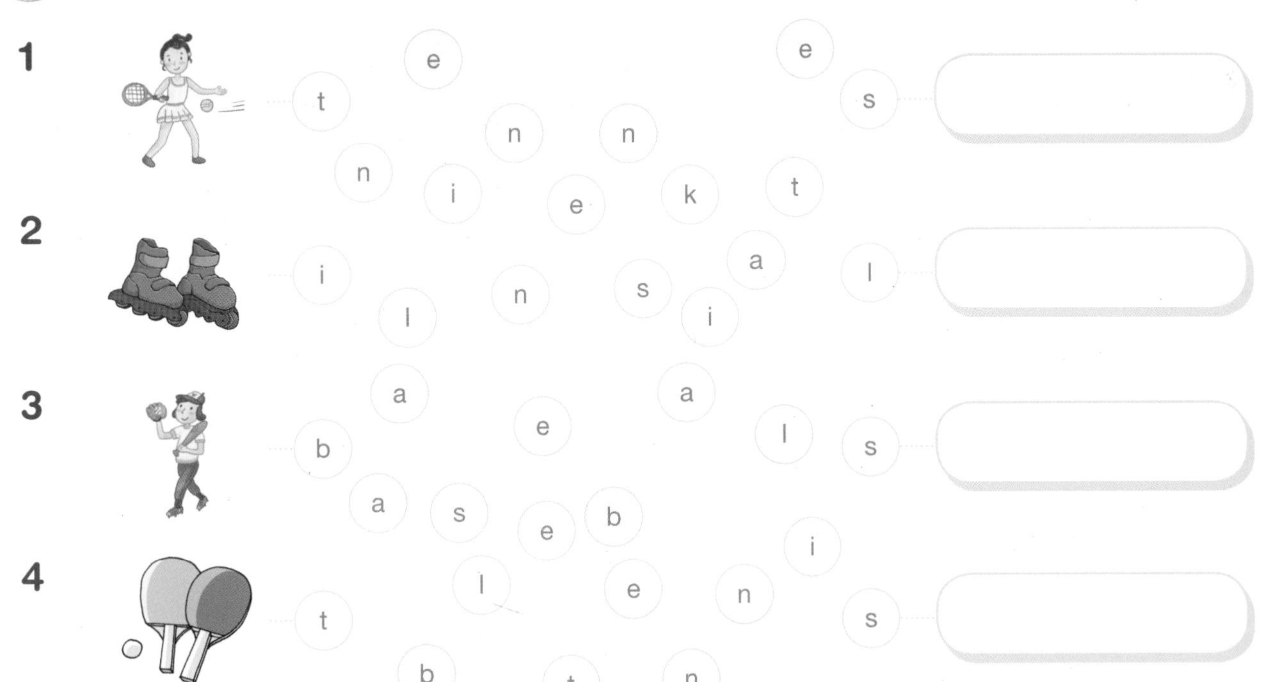

1

2

3

4

C 그림에 알맞은 낱말을 퍼즐에서 찾아 ○표 하고, 해당하는 그림과 연결하세요.

3

v

4

b

1

s

2

b

v	v	u	b	g	o	a	t	l	l
e	o	x	e	t	a	k	s	t	l
c	l	b	p	t	c	e	w	m	a
r	l	i	b	e	c	i	p	n	b
y	e	q	r	h	n	k	p	l	t
v	y	c	e	p	b	s	q	h	e
s	b	a	c	b	l	f	i	k	k
v	a	h	b	o	x	i	n	g	s
y	l	k	k	j	s	i	q	x	a
s	l	b	o	z	k	s	k	z	b

5

s

6

s

D 문장을 읽고, 알맞은 단어에 ○표 하세요.

1 I want to learn how to (ski / boxing). 나는 스키 타는 법을 배우고 싶어요.

2 (Skate / Volleyball) is an indoor sport. 배구는 실내 스포츠예요.

3 (Basketball / Volleyball) is popular in America. 농구는 미국에서 인기가 있어요.

4 Two people are playing (soccer / tennis). 두 사람이 테니스를 치고 있어요.

5 (Ski / Table tennis) is an interesting sport. 탁구는 흥미 있는 스포츠예요.

6 We rode (inline skates / tennis) yesterday. 우리는 어제 인라인스케이트를 탔어요.

7 My brother's hobby is (boxing / baseball). 우리 형의 취미는 복싱이에요.

8 The boy joined a (baseball / basketball) club yesterday. 소년은 어제 야구 동호회에 가입했어요.

9 My sister doesn't know how to (skate / table tennis). 내 여동생은 스케이트 타는 법을 몰라요.

10 My friends play (boxing / soccer) on the playground. 내 친구들은 운동장에서 축구를 해요.

주어진 단어를 활용해 문장을 완성해 보세요.

I like playing ________.
가장 좋아하는 스포츠는 무엇인가요?

A ________ team has 11 players.
한 팀의 인원이 11명인 스포츠는 무엇인가요?

A ________ team has 9 players.
한 팀의 인원이 9명인 스포츠는 무엇인가요?

A ________ team has 6 players.
한 팀의 인원이 6명인 스포츠는 무엇인가요?

A ________ team has 5 players.
한 팀의 인원이 5명인 스포츠는 무엇인가요?

Sports

- soccer
- baseball
- basketball
- volleyball
- table tennis
- tennis
- boxing
- inline skates
- skate
- ski

Transportation

 그림을 보며 단어를 익힌 후, 빈칸에 단어를 따라 써 보세요. 23

road
도로, 길

road

bicycle
자전거
= bike

bicycle

motorcycle
오토바이

motorcycle

car
차, 자동차

car

bus
버스

bus

truck
트럭

truck

subway
지하철

subway

train
기차, 열차

train

ship
배, 여객선

ship

airplane
비행기

airplane

그림을 보고, 빈칸에 알맞은 말을 써넣으세요.

1

on the

There is a car on the .

도로 위에 차가 한 대 있어요.

2

ride a

Let's ride a .

자전거를 타자.

3

ride a

Let's ride a .

오토바이를 타자.

4

by

I go to the zoo by .

나는 차를 타고 동물원에 가요.

5

by

I go to school by .

나는 버스를 타고 학교에 가요.

6

by

I go to the country by .

나는 트럭을 타고 시골에 가요.

7

by

I go to school by .

나는 지하철을 타고 학교에 가요.

8

by

I go to Busan by .

나는 기차를 타고 부산에 가요.

9

by

I go to the island by .

나는 그 섬에 배를 타고 가요.

10

by

I go to London by .

나는 비행기를 타고 런던에 가요.

B 그림에 해당하는 낱말을 바르게 쓰고, ○안에 알맞은 알파벳을 쓰세요.

1 uysawb

2 krctu

3 phis

4 doar

C 그림에 알맞은 낱말을 퍼즐에서 찾아 ○표 하고, 해당하는 그림과 연결하세요.

3  m

4  a

1   t

2  b

5  c

6  b

l	p	f	s	u	n	p	r	x	a
g	l	l	s	i	j	f	x	a	i
n	z	a	a	c	a	r	s	r	r
i	f	r	b	r	l	k	e	n	p
g	t	q	j	t	e	u	z	k	l
s	d	d	m	t	o	c	k	f	a
u	o	w	b	h	l	o	m	v	n
b	q	a	s	v	u	m	f	f	e
m	o	t	o	r	c	y	c	l	e
l	n	o	e	l	c	y	c	i	b

D 문장을 읽고, 알맞은 단어에 ○표 하세요.

1 That (ship / car) is very fast. 저 차는 몹시 빨라요.

2 He has a blue (motorcycle / train). 그는 파란색 오토바이를 가지고 있어요.

3 The (road / car) is covered with snow. 도로가 눈으로 덮여 있어요.

4 My brother bought a new (bicycle / train). 우리 오빠는 새 자전거를 샀어요.

5 The (truck / ship) arrived on the island. 배는 섬에 도착했어요.

6 Many people are riding on this (bicycle / bus). 많은 사람들이 이 버스에 타고 있어요.

7 We went to our hometown by (train / bus). 우리는 기차를 타고 고향에 갔어요.

8 That (train / truck) has a broken window. 저 트럭의 유리창이 깨졌어요.

9 My father takes the (subway / road) every day. 우리 아빠는 매일 지하철을 타요.

10 The girl saw a nice big (airplane / subway). 소녀는 멋지고 커다란 비행기를 보았어요.

주어진 단어를 활용해 문장을 완성해 보세요.

I can go to school by __________.
학교에 갈 때 무엇을 타고 갈 수 있나요?

I can go to the park by __________.
공원에 갈 때 무엇을 타고 갈 수 있나요?

I can go to the museum by __________.
박물관에 갈 때 무엇을 타고 갈 수 있나요?

I can visit foreign countries by __________.
다른 나라에 갈 때 무엇을 타고 갈 수 있나요?

I can visit my grandmother's by __________.
할머니 댁에 갈 때 무엇을 타고 갈 수 있나요?

Transportation

- road
- bicycle
- motorcycle
- car
- bus
- truck
- subway
- train
- ship
- airplane

House 집

 그림을 보며 단어를 익힌 후, 빈칸에 단어를 따라 써 보세요. 24

house
집

roof
지붕

window
창문

window

door
문

room
방

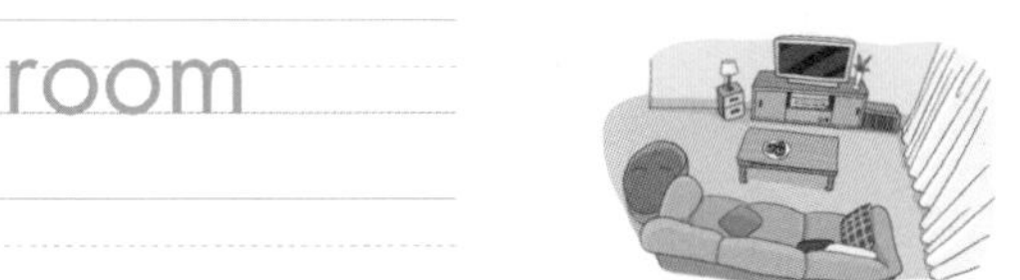

living room
거실

bedroom
침실

bedroom

bathroom
욕실, 목욕탕

kitchen
부엌

kitchen

elevator
승강기, 엘리베이터

elevator

DAY 24

 그림을 보고, 빈칸에 알맞은 말을 써넣으세요.

1

in the

I am in the .

나는 집에 있어요.

2

fix the

I fix the .

나는 지붕을 고쳐요.

3
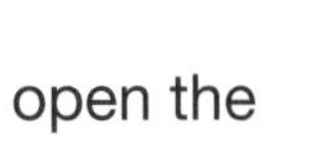

open the

Open the , please.

창문을 열어 주세요.

4

open the

Open the , please.

문을 열어 주세요.

5

in my

There is a bed in my .

내 방에 침대 한 개가 있어요.

6

in the

I am in the .

나는 거실에 있어요.

7

in the

I am in the .

나는 침실에 있어요.

8

in the

I am in the .

나는 욕실에 있어요.

9

in the

I am in the .

나는 부엌에 있어요.

10
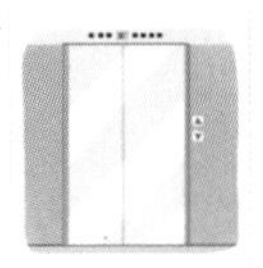

take the

I take the .

나는 승강기를 타요.

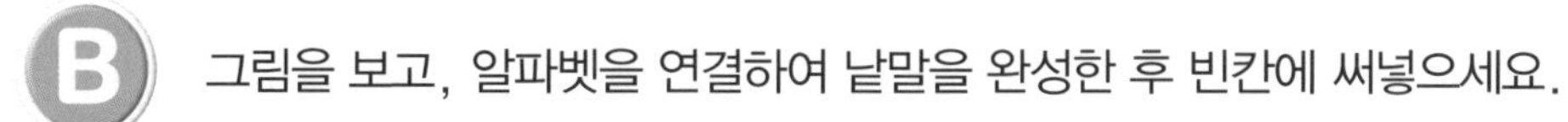

B 그림을 보고, 알파벳을 연결하여 낱말을 완성한 후 빈칸에 써넣으세요.

C 그림에 알맞은 낱말을 퍼즐에서 찾아 ○표 하고, 해당하는 그림과 연결하세요.

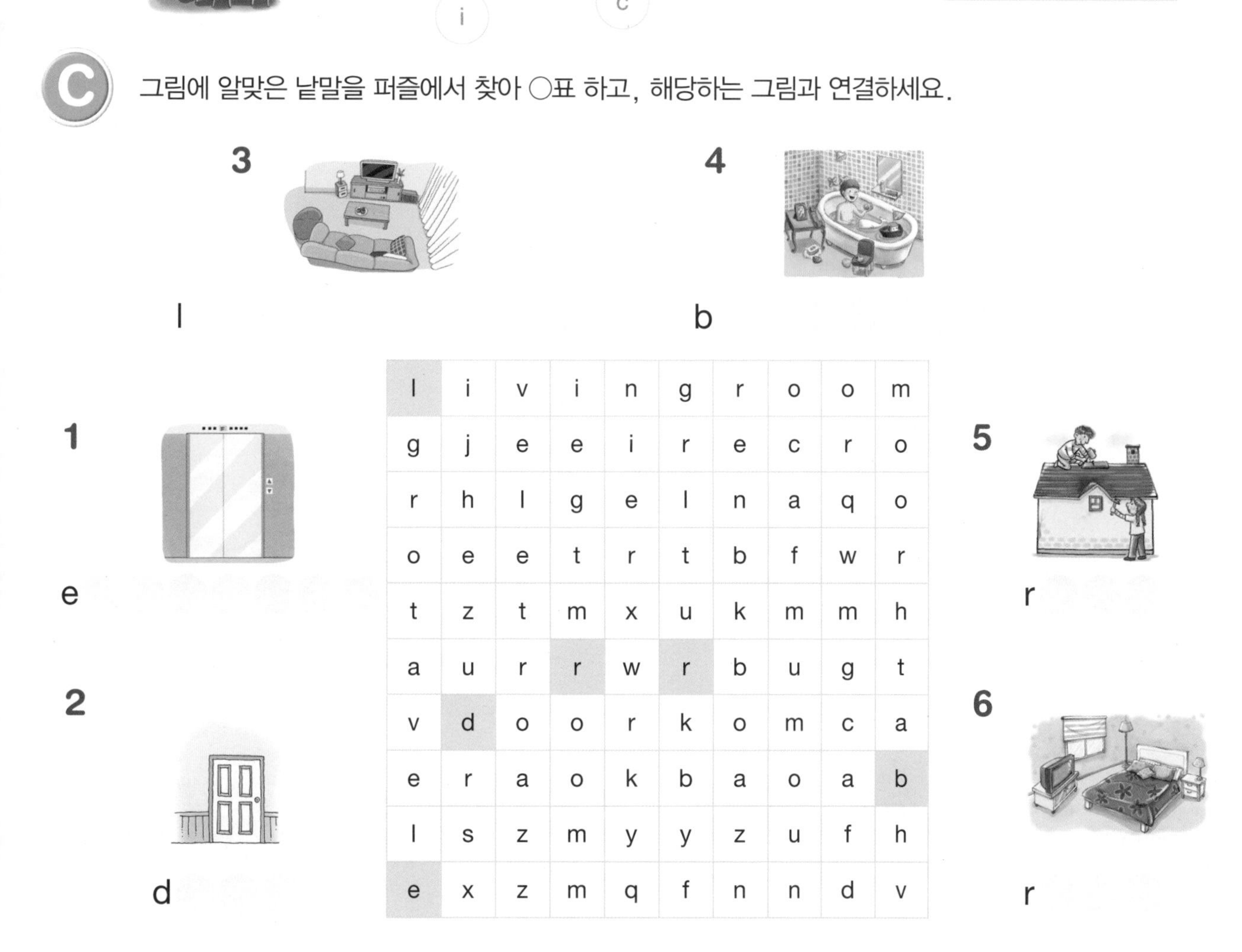

l	i	v	i	n	g	r	o	o	m
g	j	e	e	i	r	e	c	r	o
r	h	l	g	e	l	n	a	q	o
o	e	e	t	r	t	b	f	w	r
t	z	t	m	x	u	k	m	m	h
a	u	r	r	w	r	b	u	g	t
v	d	o	o	r	k	o	m	c	a
e	r	a	o	k	b	a	o	a	b
l	s	z	m	y	y	z	u	f	h
e	x	z	m	q	f	n	n	d	v

문장을 읽고, 알맞은 단어에 ○표 하세요.

1 The girl's (roof / room) is clean. 소녀의 방은 깨끗해요.

2 My mother is in the (kitchen / door). 우리 엄마는 부엌에 있어요.

3 My friend lives in a pretty (house / room). 내 친구는 예쁜 집에 살아요.

4 Two boys broke the (window / bedroom). 두 명의 소년이 창문을 깼어요.

5 The woman is closing the (door / elevator). 여자가 문을 닫고 있어요.

6 His parents' (bedroom / kitchen) is really big. 그의 부모님의 침실은 정말 커요.

7 My house has two (bathrooms / living rooms). 우리 집은 두 개의 욕실이 있어요.

8 Four people are riding the (elevator / window). 네 명의 사람이 엘리베이터를 타고 있어요.

9 There is a telephone in the (living room / bedroom). 거실에 전화기가 있어요.

10 The boy saw a house with a yellow (roof / kitchen). 소년은 노란 지붕의 집을 보았어요.

주어진 단어를 활용해 문장을 완성해 보세요.

My room has two __________.
내 방은 창문이 두 개 있어요.

My brother knocked at the __________.
내 남동생이 문을 두드렸어요.

There is a small sofa in the __________.
거실에 작은 소파가 있어요.

There is a mirror in the __________.
욕실에 거울이 있어요.

My mother is cooking in the __________.
우리 엄마는 부엌에서 요리를 해요.

House

- house
- roof
- room
- window
- door
- living room
- bedroom
- bathroom
- kitchen
- elevator

Living room

거실

듣고 따라하는 원어민 발음

그림을 보며 단어를 익힌 후, 빈칸에 단어를 따라 써 보세요. 25

curtain
커튼

curtain

sofa
소파

sofa

table
탁자, 테이블

table

newspaper
신문

newspaper

radio
라디오

radio

television
텔레비전
= TV

television

telephone
전화기, 전화

telephone

picture
그림, 사진

picture

clock
시계

clock

floor
바닥, 마루

floor

DAY 25

 그림을 보고, 빈칸에 알맞은 말을 써넣으세요.

1

clean the ______

Mom cleans the ______ .

엄마가 커튼을 청소해요.

2

sit on the ______

I sit on the ______ .

나는 소파에 앉아 있어요.

3

set the ______

I set the ______ .

나는 상을 차려요.

4

read a ______

I read a ______ .

나는 신문을 읽어요.

5

turn off the ______

Please turn off the ______ .

라디오를 꺼 주세요.

6

turn off the ______

Please turn off the ______ .

텔레비전을 꺼 주세요.

7

______ on the ______

I press buttons on the ______ .

나는 전화기의 버튼을 눌러요.

8

______ on the wall

There is a ______ on the wall.

벽에 그림이 있어요.

9

a ______ on the wall

There is a ______ on the wall.

벽에 시계가 있어요.

10

______ on the ______

There is a cat on the ______ .

방바닥에 고양이 한 마리가 있어요.

B 그림에 해당하는 낱말을 바르게 쓰고, ○안에 알맞은 알파벳을 쓰세요.

1

fsao

2

lateb

s

c

t

t

3

eheltonpe

4

okclc

C 그림에 알맞은 낱말을 퍼즐에서 찾아 ○표 하고, 해당하는 그림과 연결하세요.

3 4

t n

t	i	z	e	v	c	f	a	c	w
e	n	e	a	h	k	a	n	u	u
l	r	e	o	r	m	w	a	r	s
e	c	p	w	n	b	l	y	t	o
v	s	i	b	s	b	k	v	a	i
i	m	c	r	c	p	z	t	i	d
s	w	t	r	o	e	a	a	n	a
i	c	u	r	p	o	v	p	l	r
o	o	r	o	y	l	l	i	e	j
n	i	e	w	a	r	q	f	v	r

1

p

2

f

5

r

6

c

D 문장을 읽고, 알맞은 단어에 ○표 하세요.

1 This (sofa / radio) is expensive. 이 소파는 비싸요.

2 The boy is cleaning the (table / floor). 소년은 마루를 청소하고 있어요.

3 There is a (curtain / table) in his room. 그의 방에 커튼이 있어요.

4 The man is watching (television / floor). 남자가 텔레비전을 보고 있어요.

5 My friend is drawing a (picture / table). 내 친구는 그림을 그리고 있어요.

6 There are two dogs under the (table / picture). 탁자 아래에 강아지 두 마리가 있어요.

7 My sister is watching the (newspaper / clock). 내 누나는 시계를 보고 있어요.

8 The girl listens to the (radio / clock) every day. 소녀는 매일 라디오를 들어요.

9 The woman bought a new (telephone / television). 여자는 새 전화기를 샀어요.

10 My grandfather is reading the (newspaper / telephone). 우리 할아버지가 신문을 읽고 있어요.

E 주어진 단어를 활용해 문장을 완성해 보세요.

I like sitting on the __________.
나는 소파에 앉는 것을 좋아해요.

There are two apples on the __________.
탁자 위에 사과 두 개가 있어요.

My father reads the __________ every morning.
우리 아빠는 매일 아침 신문을 읽어요.

I like drawing __________.
나는 그림 그리는 것을 좋아해요.

My brother and I sweep the __________.
나와 내 남동생은 마루를 쓸어요.

Living room

- curtain
- sofa
- table
- newspaper
- radio
- television
- telephone
- picture
- clock
- floor

Bedroom

 그림을 보며 단어를 익힌 후, 빈칸에 단어를 따라 써 보세요. 26

bed
침대

bed

pillow
베개

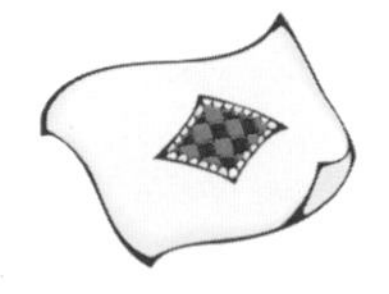

blanket
담요

blanket

lamp
램프, 조명

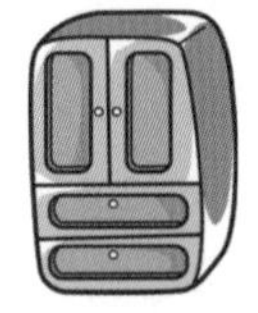

closet
옷장

closet

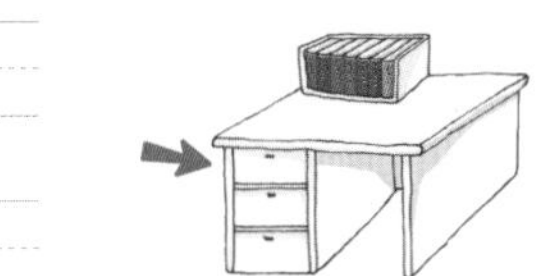

drawer
서랍

globe
지구본

globe

computer
컴퓨터

photo
사진
= photograph

fan
선풍기

fan

그림을 보고, 빈칸에 알맞은 말을 써넣으세요.

1

in the room

There is a ________ in the room.

방 안에 침대가 하나 있어요.

2

green

There is a green ________ .

초록색 베개가 하나 있어요.

3

give me a

Give me a ________ , please.

나에게 담요를 주세요.

4

in the room

There is a ________ in the room.

방 안에 램프가 하나 있어요.

5

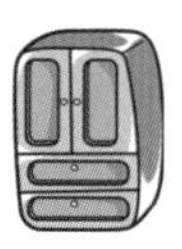

in the room

There is a ________ in the room.

방 안에 옷장이 하나 있어요.

6

three ________ s

There are three ________ s.

서랍이 세 개 있어요.

7

have a

I have a ________ .

나는 지구본을 가지고 있어요.

8

have a

I have a ________ .

나는 컴퓨터를 가지고 있어요.

9

a family

There is a family ________ .

가족사진이 한 장 있어요.

10

use a

I use a ________ .

나는 선풍기를 사용해요.

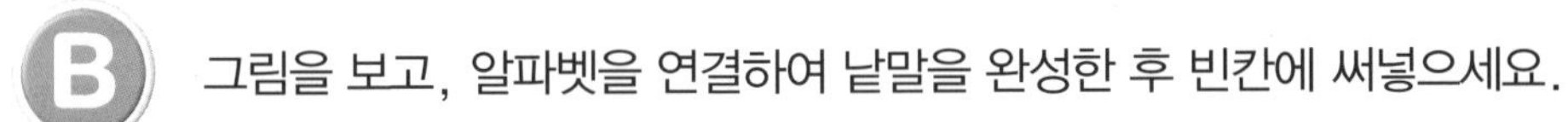

B 그림을 보고, 알파벳을 연결하여 낱말을 완성한 후 빈칸에 써넣으세요.

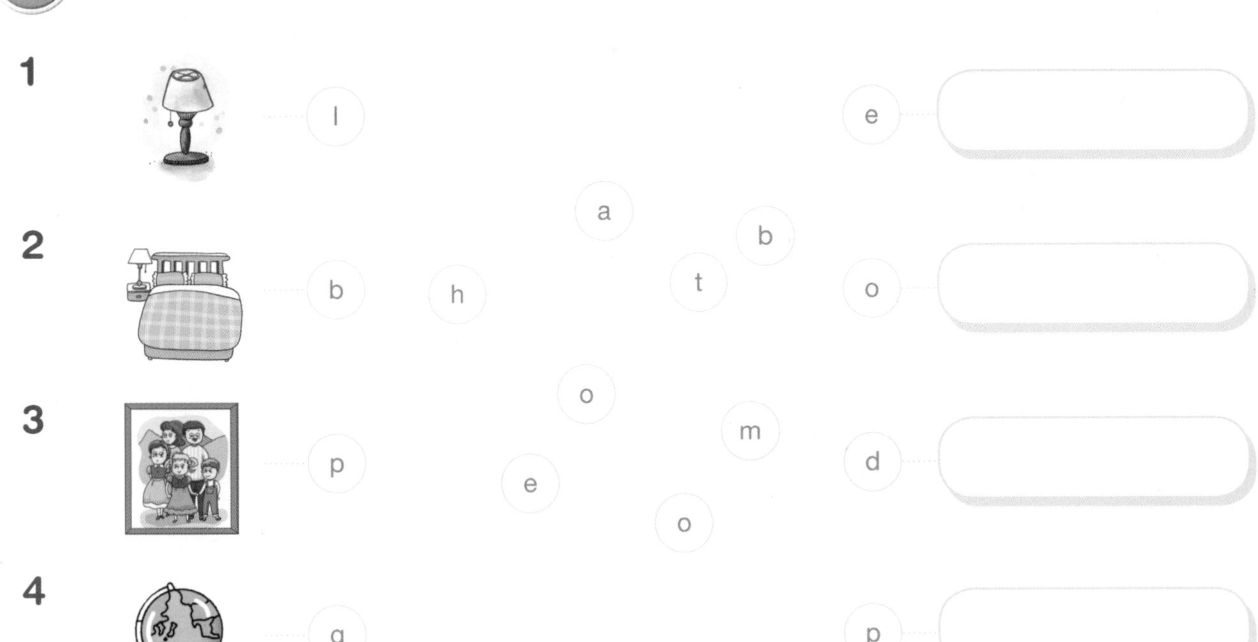

C 그림에 알맞은 낱말을 퍼즐에서 찾아 ○표 하고, 해당하는 그림과 연결하세요.

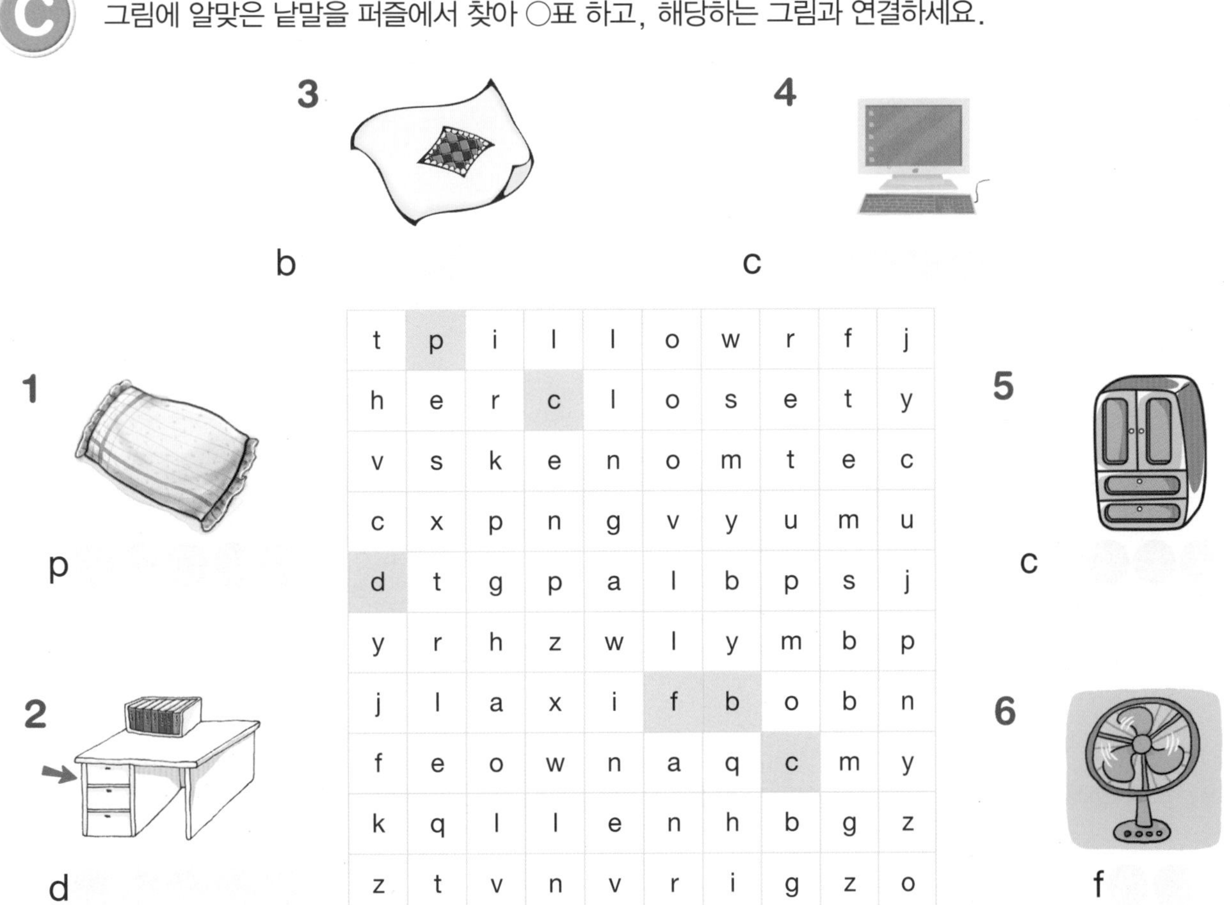

t	p	i	l	l	o	w	r	f	j
h	e	r	c	l	o	s	e	t	y
v	s	k	e	n	o	m	t	e	c
c	x	p	n	g	v	y	u	m	u
d	t	g	p	a	l	b	p	s	j
y	r	h	z	w	l	y	m	b	p
j	l	a	x	i	f	b	o	b	n
f	e	o	w	n	a	q	c	m	y
k	q	l	l	e	n	h	b	g	z
z	t	v	n	v	r	i	g	z	o

문장을 읽고, 알맞은 단어에 ○표 하세요.

1 The boy is lying in his (bed / globe). 소년은 침대에 누워 있어요.

2 This is a nice family (photo / bed). 이것은 멋진 가족사진이에요.

3 The girl holds a (pillow / photo). 소녀는 베개를 집어요.

4 My brother uses a (computer / pillow). 우리 오빠는 컴퓨터를 사용해요.

5 There is a (lamp / globe) in her bedroom. 그녀의 침실에는 지구본이 있어요.

6 My father bought me a (photo / lamp). 우리 아빠는 나에게 램프를 사주었어요.

7 I found a ring in my (drawer / fan). 나는 내 서랍에서 반지를 발견했어요.

8 The (computer / fan) is next to the sofa. 선풍기가 소파 옆에 있어요.

9 My mother put a (blanket / drawer) over me. 우리 엄마는 나에게 담요를 덮어 주었어요.

10 There are many clothes in his (blanket / closet). 그의 옷장에는 많은 옷이 있어요.

주어진 단어를 활용해 문장을 완성해 보세요.

I like sleeping in my __________.
나는 내 침대에서 자는 것을 좋아해요.

I have a pretty __________.
나는 예쁜 담요를 가지고 있어요.

There is a glue in my __________.
내 서랍에는 풀이 한 개 있어요.

I need a new __________.
나는 새 컴퓨터가 필요해요.

I took a __________ of my friends.
나는 내 친구들의 사진을 찍었어요.

Bedroom

- bed
- pillow
- blanket
- lamp
- closet
- drawer
- globe
- computer
- photo
- fan

Bathroom

그림을 보며 단어를 익힌 후, 빈칸에 단어를 따라 써 보세요. 27

mirror
거울

soap
비누

soap

shampoo
샴푸

shampoo

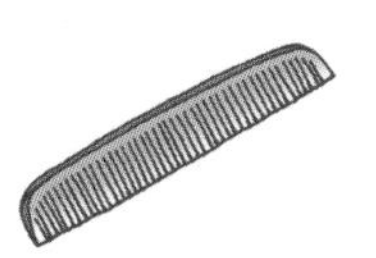

comb
빗, 빗다

comb

toothbrush
칫솔

toothpaste
치약

toothpaste

bathtub
욕조

bathtub

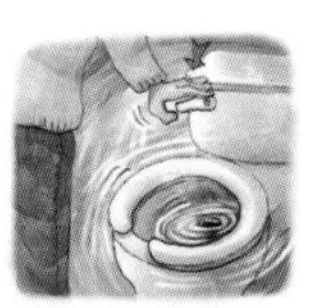

toilet
변기

toilet

shower
샤워, 샤워기

shower

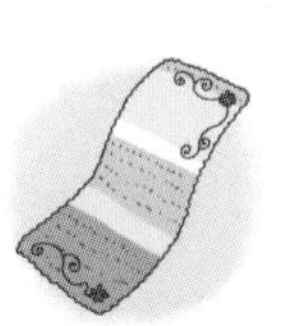

towel
수건, 타월

towel

그림을 보고, 빈칸에 알맞은 말을 써넣으세요.

1

in the

I look in the ________.

나는 거울을 봐요.

2

with

I wash my hands with ________.

나는 비누로 손을 닦아요.

3

with

I wash my hair with ________.

나는 샴푸로 머리를 감아요.

4

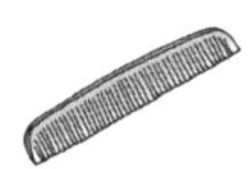

my hair

I ________ my hair.

나는 머리를 빗어요.

5

with a

I brush my teeth with a ________.

나는 칫솔로 이를 닦아요.

6

with

I brush my teeth with ________.

나는 치약으로 이를 닦아요.

7

in the

I am in the ________.

나는 욕조에 있어요.

8

flush the

I flush the ________.

나는 변기의 물을 내려요.

9

take a

I take a ________.

나는 샤워를 해요.

10

on a

I wipe my hands on a ________.

나는 수건에 손을 닦아요.

B 그림에 해당하는 낱말을 바르게 쓰고, ○안에 알맞은 알파벳을 쓰세요.

1 poas

2 ltewo

3 ltotie

4 mcbo

C 그림에 알맞은 낱말을 퍼즐에서 찾아 ○표 하고, 해당하는 그림과 연결하세요.

3 

t

4 

t

1 

m

2 

s

t	o	o	t	h	p	a	s	t	e
m	i	r	r	o	r	a	l	o	p
x	l	s	j	e	n	b	n	o	b
h	z	t	w	x	p	u	f	t	n
e	v	o	r	h	m	t	n	h	s
a	h	k	a	u	o	h	j	b	h
s	x	n	d	r	t	t	f	r	k
g	t	v	x	p	g	a	x	u	y
x	g	t	z	z	s	b	m	s	y
g	s	h	a	m	p	o	o	h	r

5 

b

6 

s

 문장을 읽고, 알맞은 단어에 ○표 하세요.

1 I need the (shampoo / comb). 나는 샴푸가 필요해요.

2 This (toilet / toothpaste) is clean. 이 변기는 깨끗해요.

3 He picks up a (towel / bathtub). 그는 수건을 하나 집어요.

4 This is my mother's (comb / shower). 이것은 우리 엄마의 빗이에요.

5 This (soap / bathtub) is too small. 이 욕조는 너무 작아요.

6 The boy has a blue (mirror / toothbrush). 소년은 파란색 칫솔이 있어요.

7 My sister is looking in the (mirror / toilet). 우리 언니는 거울을 보고 있어요.

8 The girl is washing her hands with (towel / soap). 소녀는 비누로 손을 씻고 있어요.

9 The man is in the (shower / shampoo). 남자는 샤워 중이에요.

10 There are many kinds of (toothpaste / shampoo). 많은 종류의 치약이 있어요.

 주어진 단어를 활용해 문장을 완성해 보세요.

There is a _________ in my room.
내 방에는 거울이 있어요.

I wash my hands with _________.
나는 비누로 손을 씻어요.

I like playing in the _________.
나는 욕조에서 노는 것을 좋아해요.

I use the _________ every day.
나는 변기를 매일 사용해요.

I take a _________ before I go to sleep.
나는 자기 전에 샤워를 해요.

Bathroom

- mirror
- soap
- shampoo
- comb
- toothbrush
- toothpaste
- bathtub
- toilet
- shower
- towel

Kitchen 부엌

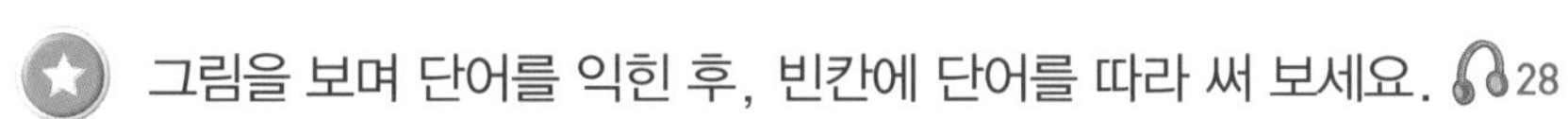
그림을 보며 단어를 익힌 후, 빈칸에 단어를 따라 써 보세요. 28

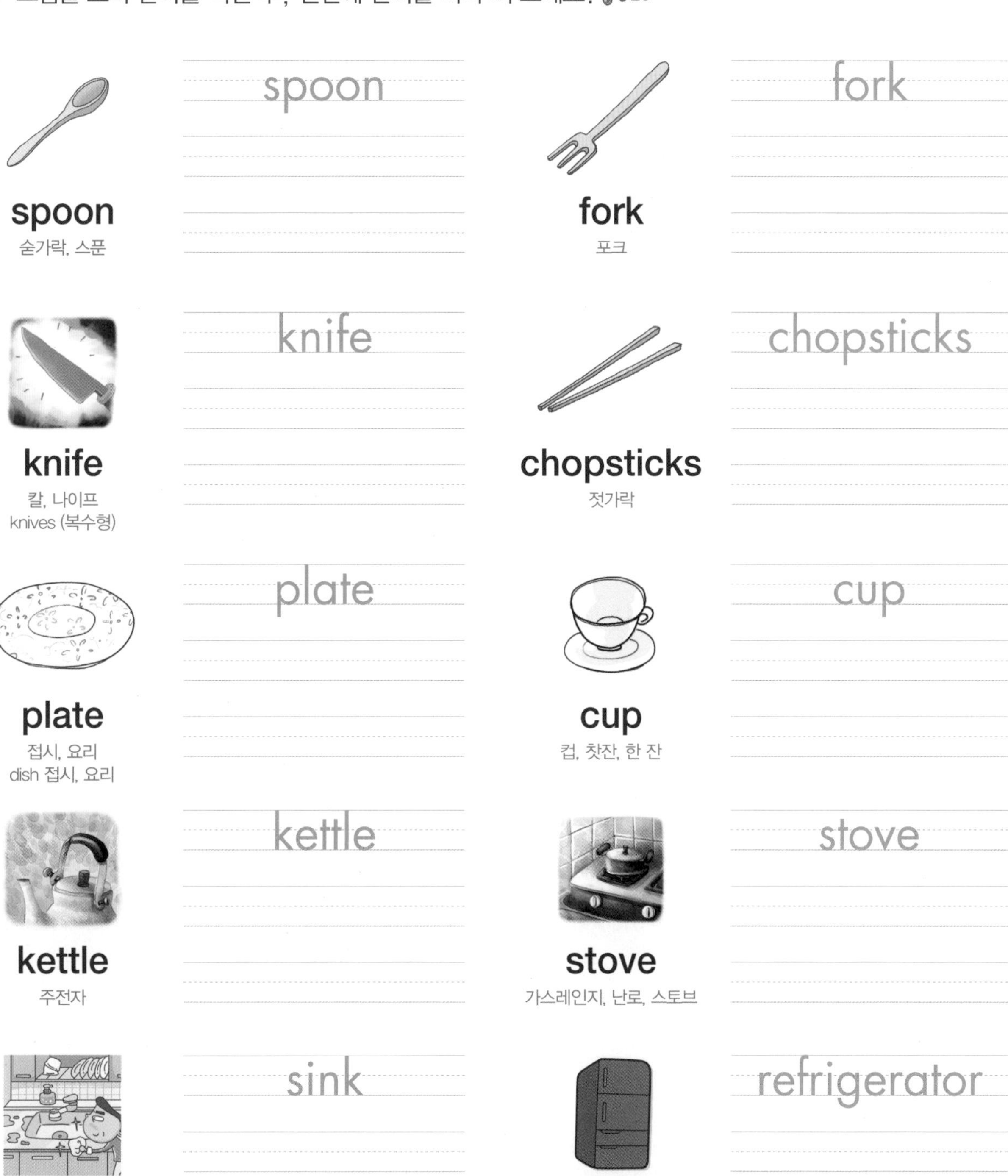

spoon
숟가락, 스푼

spoon

fork
포크

fork

knife
칼, 나이프
knives (복수형)

knife

chopsticks
젓가락

chopsticks

plate
접시, 요리
dish 접시, 요리

plate

cup
컵, 찻잔, 한 잔

cup

kettle
주전자

kettle

stove
가스레인지, 난로, 스토브

stove

sink
싱크대

sink

refrigerator
냉장고
fridge 냉장고

refrigerator

 그림을 보고, 빈칸에 알맞은 말을 써넣으세요.

1

use a

I use a .

나는 숟가락을 사용해요.

2

use a

I use a .

나는 포크를 사용해요.

3

use a

I use a .

나는 칼을 사용해요.

4

use

I use .

나는 젓가락을 사용해요.

5

need a

I need a .

나는 접시가 필요해요.

6

need a

I need a .

나는 컵이 필요해요.

7

a in the kitchen

There is a in the kitchen.

부엌에 주전자가 있어요.

8

a in the kitchen

There is a in the kitchen.

부엌에 스토브가 있어요.

9

a in the kitchen

There is a in the kitchen.

부엌에 싱크대가 있어요.

10

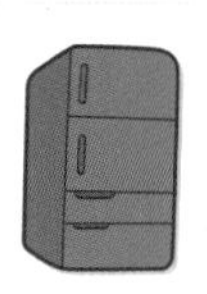

a in the kitchen

There is a in the kitchen.

부엌에 냉장고가 있어요.

B 그림을 보고, 알파벳을 연결하여 낱말을 완성한 후 빈칸에 써넣으세요.

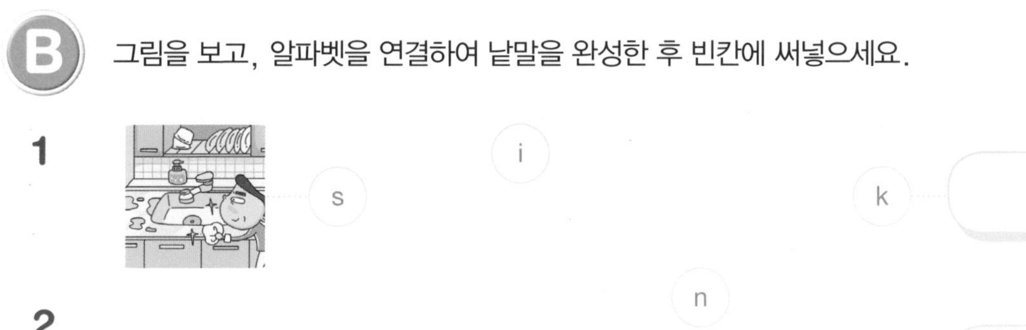

C 그림에 알맞은 낱말을 퍼즐에서 찾아 ○표 하고, 해당하는 그림과 연결하세요.

3 s

4 c

1 k

2 p

n	k	s	q	n	a	r	c	c	k
u	c	j	p	f	u	o	h	j	e
o	f	a	b	o	s	s	o	a	t
e	f	i	n	k	o	l	p	m	t
w	q	x	x	m	j	n	s	y	l
c	e	g	t	y	o	e	t	p	e
l	t	i	u	k	v	a	i	x	r
a	a	o	y	o	e	c	c	m	g
a	l	n	t	s	b	x	k	p	g
j	p	s	c	q	b	z	s	i	b

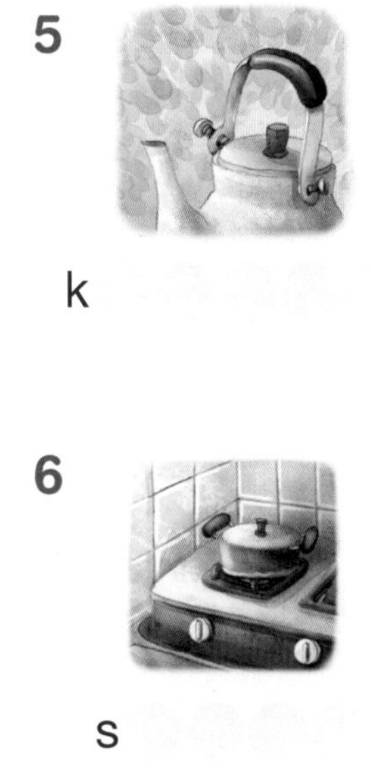

D 문장을 읽고, 알맞은 단어에 ○표 하세요.

1 She doesn't use a (kettle / fork). 그녀는 포크를 사용하지 않아요.

2 A (knife / sink) is on the table. 칼이 탁자 위에 있어요.

3 The boy eats soup with a (spoon / plate). 소년은 숟가락으로 수프를 먹어요.

4 She is pouring water into the (sink / cup). 그녀는 컵에 물을 따르고 있어요.

5 There are many plates in the (sink / spoon). 싱크대에 많은 접시가 있어요.

6 The girl can use (chopsticks / stove) correctly. 소녀는 젓가락을 정확하게 사용할 수 있어요.

7 My mother put some apples on a (plate / kettle). 우리 엄마가 사과 몇 개를 접시 위에 놓았어요.

8 He put the (kettle / refrigerator) on the fire. 그는 주전자를 불에 올렸어요.

9 My mother is cooking on the (knife / stove). 우리 엄마는 스토브에서 요리를 하고 있어요.

10 I put water in the (refrigerator / chopsticks). 나는 냉장고에 물을 넣었어요.

주어진 단어를 활용해 문장을 완성해 보세요.

I eat rice with a ________.
나는 숟가락으로 밥을 먹어요.

I can cut the meat with a ________.
나는 칼로 고기를 자를 수 있어요.

There are many ________ in the cupboard.
찬장에 많은 접시가 있어요.

I have a pretty ________.
나는 예쁜 컵을 갖고 있어요.

There is a lot of food in the ________.
냉장고에는 많은 음식이 있어요.

Kitchen

- spoon
- fork
- knife
- chopsticks
- plate
- cup
- kettle
- stove
- sink
- refrigerator

Things

그림을 보며 단어를 익힌 후, 빈칸에 단어를 따라 써 보세요. 29

glasses
안경

glasses

ring
반지

ring

 그림을 보고, 빈칸에 알맞은 말을 써넣으세요.

1

a

I need a .

나는 공이 필요해요.

2

buy a

I buy a .

나는 인형을 사요.

3

buy a

I buy a .

나는 장난감을 사요.

4

a

I need a .

나는 상자가 필요해요.

5

buy a

I buy a .

나는 리본을 사요.

6

an

I need an .

나는 우산이 필요해요.

7

my

I look for my .

나는 내 열쇠를 찾아요.

8

buy a

I buy a .

나는 꽃병을 사요.

9

wear

I wear .

나는 안경을 써요.

10

wear a

I wear a .

나는 반지를 껴요.

B 그림에 해당하는 낱말을 바르게 쓰고, ○안에 알맞은 알파벳을 쓰세요.

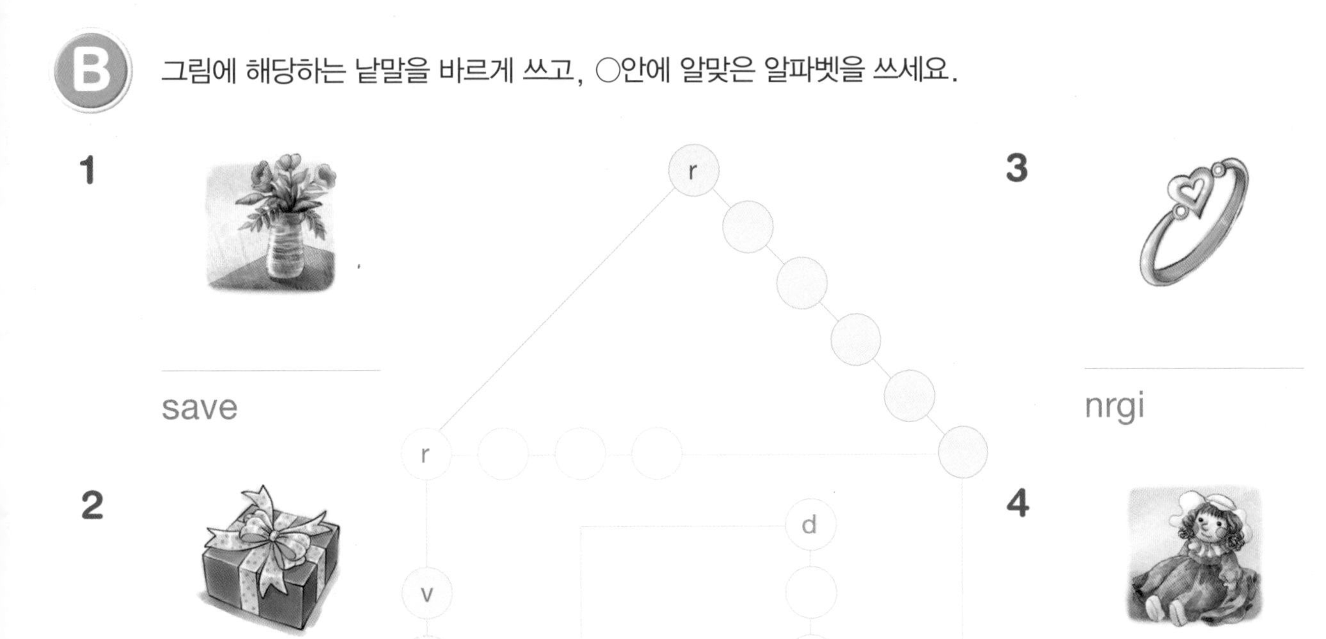

1 save

2 bniobr

3 nrgi

4 ldlo

C 그림에 알맞은 낱말을 퍼즐에서 찾아 ○표 하고, 해당하는 그림과 연결하세요.

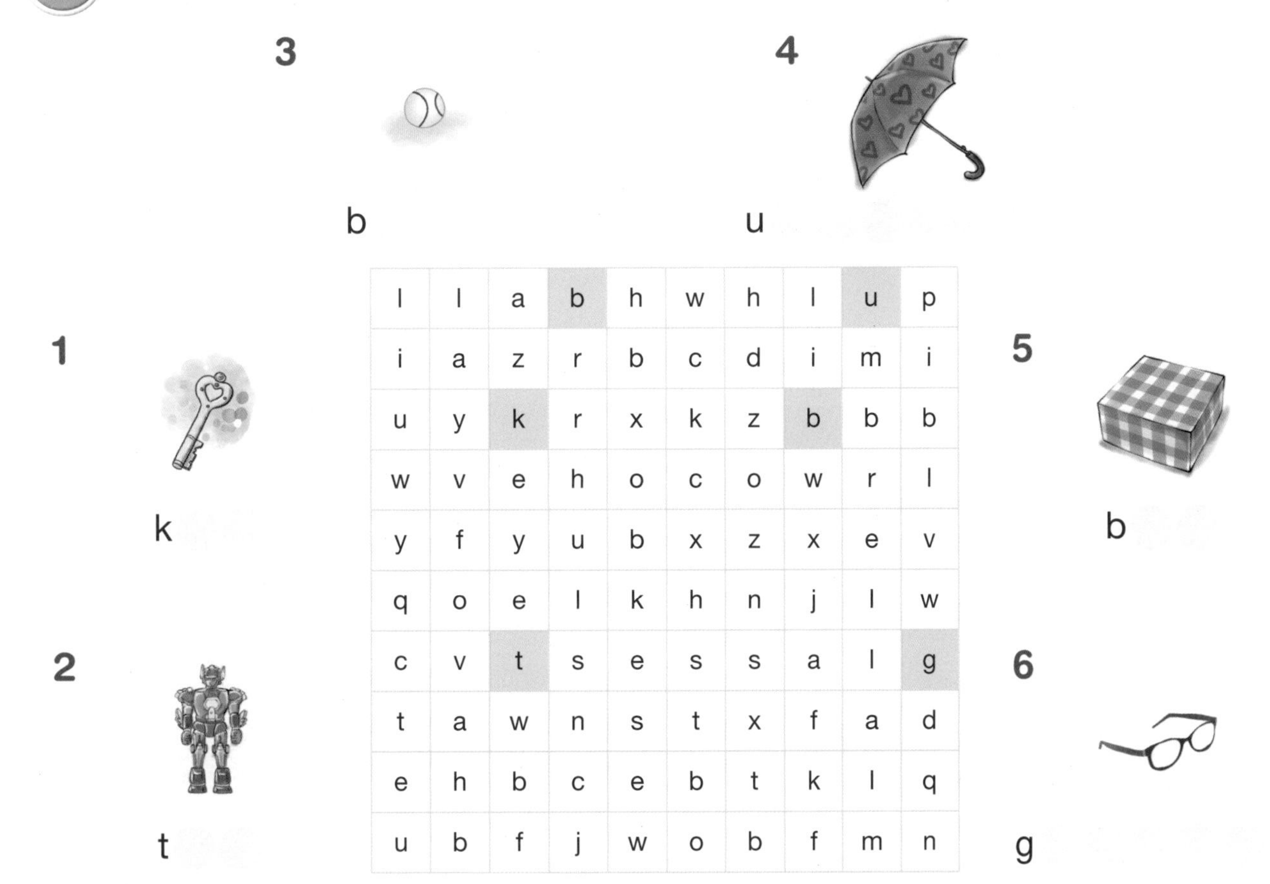

3 b

4 u

1 k

2 t

5 b

6 g

l	l	a	b	h	w	h	l	u	p
i	a	z	r	b	c	d	i	m	i
u	y	k	r	x	k	z	b	b	b
w	v	e	h	o	c	o	w	r	l
y	f	y	u	b	x	z	x	e	v
q	o	e	l	k	h	n	j	l	w
c	v	t	s	e	s	s	a	l	g
t	a	w	n	s	t	x	f	a	d
e	h	b	c	e	b	t	k	l	q
u	b	f	j	w	o	b	f	m	n

D 문장을 읽고, 알맞은 단어에 ○표 하세요.

1 The boy is throwing a (ball / doll). 소년이 공을 던지고 있어요.

2 This is my favorite (doll / key). 이것은 내가 가장 좋아하는 인형이에요.

3 He is wearing (glasses / umbrella). 그는 안경을 끼고 있어요.

4 She bought a beautiful (ring / doll). 그녀는 아름다운 반지를 샀어요.

5 There is a rabbit in the (ring / box). 상자 안에 토끼 한 마리가 있어요.

6 The man is looking for his (key / box). 남자는 자신의 열쇠를 찾고 있어요.

7 My friend has a lot of (vases / toys). 내 친구는 장난감이 많아요.

8 The girl bought a new red (ribbon / ball). 소녀는 빨간 새 리본을 샀어요.

9 There is a (toy / vase) in the living room. 거실에 꽃병이 하나 있어요.

10 The woman needs an (key / umbrella) now. 여자는 지금 우산이 필요해요.

E 주어진 단어를 활용해 문장을 완성해 보세요.

I want a pretty __________.
나는 예쁜 인형을 원해요.

I can lift a heavy __________.
나는 무거운 상자를 들 수 있어요.

I use an __________ when it rains.
나는 비 올 때 우산을 써요.

There is a __________ in my room.
내 방에 열쇠가 있어요.

Many people wear __________.
많은 사람들이 안경을 써요.

Things

- ball
- doll
- toy
- box
- ribbon
- umbrella
- key
- vase
- glasses
- ring

DAY
30

Act 행동

듣고 따라하는
원어민 발음

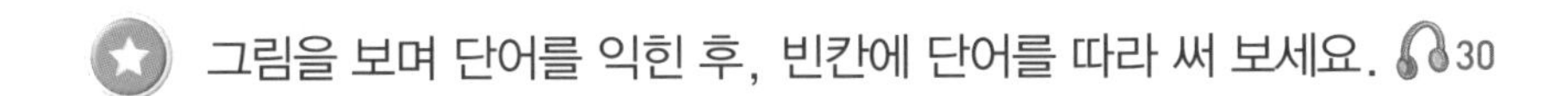
그림을 보며 단어를 익힌 후, 빈칸에 단어를 따라 써 보세요. 30

go
가다
go
come
오다
come
meet
만나다
meet
stop
멈추다, 중지하다
stop
stand
서다, 서 있다
stand
sit
앉다
sit
open
열다
open
close
닫다
close
like
~을 좋아하다
like
have
가지다, 먹다
have

 그림을 보고, 빈칸에 알맞은 말을 써넣으세요.

1

to the market

I ______ to the market.

나는 시장에 가요.

2

back home

I ______ back home.

나는 집에 돌아와요.

3

my friend

I ______ my friend.

나는 내 친구를 만나요.

4

at the red light

I ______ at the red light.

나는 빨간 불에서 멈춰요.

5

in line

Please ______ in line.

줄을 서세요.

6

on the bench

I ______ on the bench.

나는 벤치에 앉아 있어요.

7

the store

We ______ the store.

우리는 가게를 열어요.

8

the store

We ______ the store.

우리는 가게를 닫아요.

9

rabbits

I ______ rabbits.

나는 토끼를 좋아해요.

10

an apple

I ______ an apple.

나는 사과를 가지고 있어요.

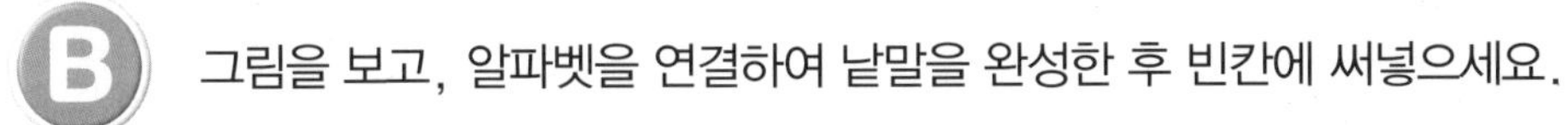

B 그림을 보고, 알파벳을 연결하여 낱말을 완성한 후 빈칸에 써넣으세요.

C 그림에 알맞은 낱말을 퍼즐에서 찾아 ○표 하고, 해당하는 그림과 연결하세요.

1 s

2 m

m	i	c	g	u	x	j	r	y	b
p	w	r	t	v	p	i	i	e	q
v	b	l	p	b	b	f	a	k	u
i	r	k	s	m	y	n	e	i	z
s	e	s	o	l	c	w	y	l	j
h	i	o	b	l	a	p	o	x	k
c	o	t	d	r	o	a	a	o	t
t	e	e	m	t	k	r	m	x	g
a	v	j	s	k	e	i	b	x	b
u	m	h	f	q	i	z	u	m	l

5 

s

6 g

 문장을 읽고, 알맞은 단어에 ○표 하세요.

1 I (have / sit) a yellow pencil. 나는 노란색 연필을 가지고 있어요.

2 The girl can (meet / like) her friends. 소녀는 친구들을 만날 수 있어요.

3 I (like / go) pumpkin pies. 나는 호박파이를 좋아해요.

4 The baby (stops / opens) crying. 아기가 울음을 멈추어요.

5 They (have / stand) and call her. 그들은 일어서서 그녀를 불러요.

6 You can (sit / come) on my chair. 내 의자에 앉아도 돼요.

7 We (go / stand) to school every morning. 우리는 매일 아침 학교에 가요.

8 The boy can (close / come) to the party. 소년은 파티에 올 수 있어요.

9 The man can (meet / open) the door. 남자는 문을 열 수 있어요.

10 The woman can (stand / close) the door. 여자는 문을 닫을 수 있어요.

 주어진 단어를 활용해 문장을 완성해 보세요.

I __________ to the playground.
나는 놀이터에 가요.

I __________ many people on Sunday.
나는 일요일에 많은 사람들을 만나요.

I can __________ the refrigerator door.
나는 냉장고 문을 열 수 있어요.

I can __________ the window.
나는 창문을 닫을 수 있어요.

I __________ two rabbits.
나는 토끼 두 마리를 가지고 있어요.

Act

- go
- come
- meet
- stop
- stand
- sit
- open
- close
- like
- have

NEXUS Edu

LEVEL CHART

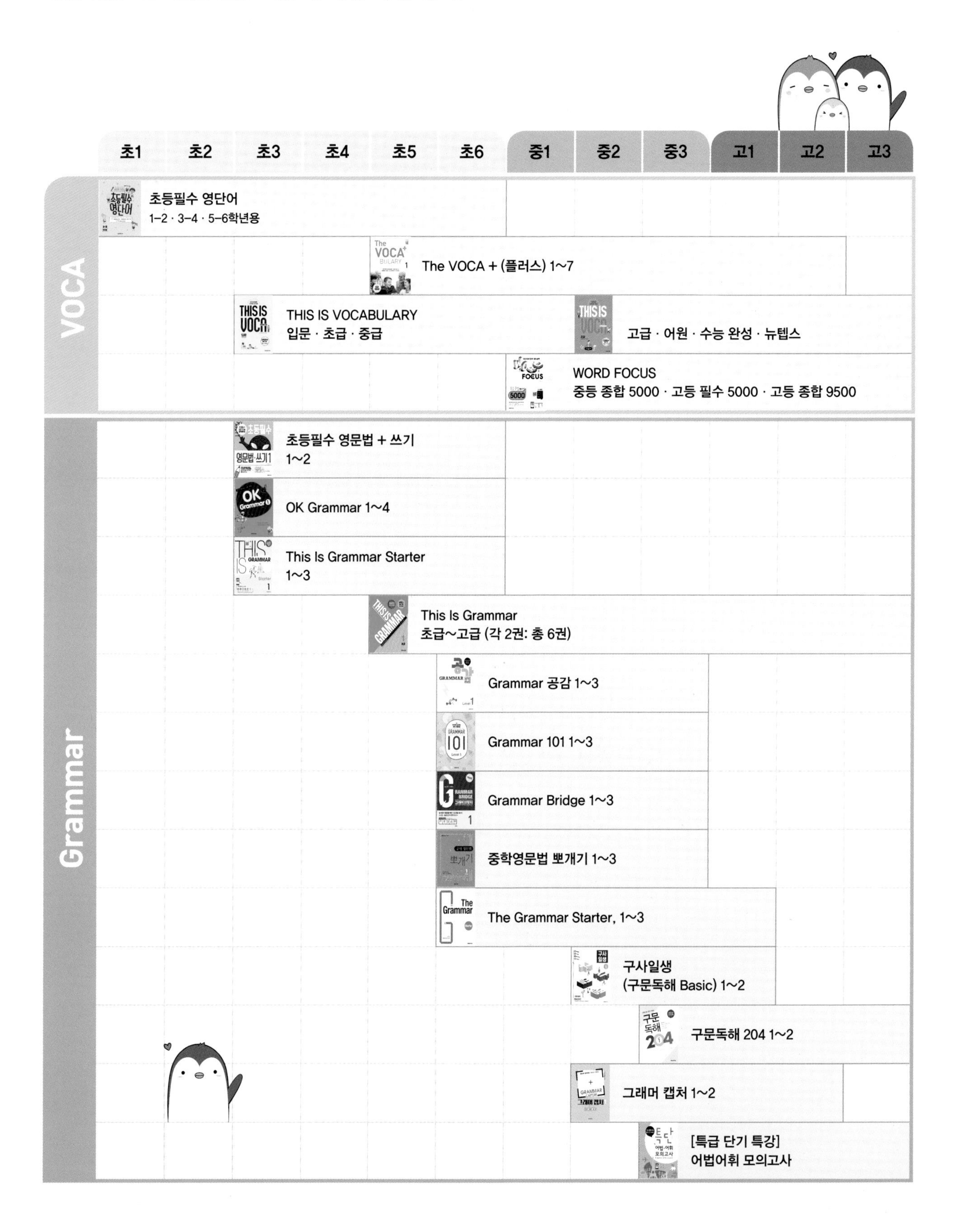

교육부 지정

초등필수 영단어

Workbook & Answers

1-2

학년용

NEXUS Edu

교육부 지정

초등필수 영단어

Workbook & Answers

1-2 학년용

NEXUS Edu

DAY 01

Family

family family

가족

grandparents grandparents

조부모

grandfather grandfather

할아버지

grandmother grandmother

할머니

parents parents

부모

father father

아버지

mother mother

어머니

brother brother

오빠, 형, 남동생(남자형제)

sister sister

언니, 누나, 여동생(여자형제)

together together

함께, 같이

A 보기에서 알맞은 영단어를 찾은 후 3번씩 빈칸에 써넣으세요.

sister father family brother grandfather

1 할아버지 ______ ______ ______

2 오빠, 형 ______ ______ ______

3 가족 ______ ______ ______

4 언니, 누나 ______ ______ ______

5 아빠 ______ ______ ______

B 단어를 잘 듣고 받아쓴 후, 우리말 뜻과 연결하세요. w01

6 ______ • • 함께, 같이

7 ______ • • 부모

8 ______ • • 엄마

9 ______ • • 조부모

10 ______ • • 할머니

Greeting

hi hi

안녕

nice nice

좋은, 즐거운, 반가운

bye bye

잘 가, 안녕

good good

좋은

morning morning

아침, 오전

afternoon afternoon

점심, 오후

evening evening

저녁

night night

밤

fine fine

괜찮은, 좋은

okay okay

괜찮은

A 보기에서 알맞은 영단어를 찾은 후 3번씩 빈칸에 써넣으세요.

good	night	bye	okay	afternoon

1 잘 가, 안녕 ________ ________ ________

2 괜찮은 ________ ________ ________

3 밤 ________ ________ ________

4 점심, 오후 ________ ________ ________

5 좋은 ________ ________ ________

B 단어를 잘 듣고 받아쓴 후, 우리말 뜻과 연결하세요. w02

6 ________ • • 안녕

7 ________ • • 아침, 오전

8 ________ • • 좋은, 즐거운, 반가운

9 ________ • • 저녁

10 ________ • • 괜찮은, 좋은

Numbers

one one
하나의, 한 개

two two
둘의, 두 개

three three
셋의, 세 개

four four
넷의, 네 개

five five
다섯의, 다섯 개

six six
여섯의, 여섯 개

seven seven
일곱의, 일곱 개

eight eight
여덟의, 여덟 개

nine nine
아홉의, 아홉 개

ten ten
열의, 열 개

보기에서 알맞은 영단어를 찾은 후 3번씩 빈칸에 써넣으세요.

six	eight	two	nine	four

1 넷의, 네 개 ______ ______ ______

2 아홉의, 아홉 개 ______ ______ ______

3 둘의, 두 개 ______ ______ ______

4 여섯의, 여섯 개 ______ ______ ______

5 여덟의, 여덟 개 ______ ______ ______

B 단어를 잘 듣고 받아쓴 후, 우리말 뜻과 연결하세요. w03

6 ______ • • 열의, 열 개

7 ______ • • 하나의, 한 개

8 ______ • • 다섯의, 다섯 개

9 ______ • • 셋의, 세 개

10 ______ • • 일곱의, 일곱 개

DAY 04 I & We

I I

나

you you

너, 너희

he he

그

she she

그녀

we we

우리

they they

그들

it it

그것

this this

이것

that that

저것

everyone everyone

모두

A 보기에서 알맞은 영단어를 찾은 후 3번씩 빈칸에 써넣으세요.

you	we	this	he	it

1 우리 ______ ______ ______

2 그것 ______ ______ ______

3 그 ______ ______ ______

4 너, 너희 ______ ______ ______

5 이것 ______ ______ ______

B 단어를 잘 듣고 받아쓴 후, 우리말 뜻과 연결하세요. w04

6 ______ • • 그들

7 ______ • • 저것

8 ______ • • 모두

9 ______ • • 그녀

10 ______ • • 나

Face

face face

얼굴

eyebrow eyebrow

눈썹

eye eye

눈

nose nose

코

ear ear

귀

mouth mouth

입

lip lip

입술

tooth tooth

이, 치아

cheek cheek

뺨, 볼

chin chin

턱

A 보기에서 알맞은 영단어를 찾은 후 3번씩 빈칸에 써넣으세요.

chin	eye	mouth	face	lip

1 눈 ________ ________ ________

2 입술 ________ ________ ________

3 얼굴 ________ ________ ________

4 턱 ________ ________ ________

5 입 ________ ________ ________

B 단어를 잘 듣고 받아쓴 후, 우리말 뜻과 연결하세요. w05

6 ________ • • 눈썹

7 ________ • • 뺨, 볼

8 ________ • • 귀

9 ________ • • 코

10 ________ • • 이, 치아

DAY 06

Body

hair hair

머리카락

head head

머리

neck neck

목

shoulder shoulder

어깨

arm arm

팔

hand hand

손

finger finger

손가락

leg leg

다리

foot foot

발

toe toe

발가락

A 보기에서 알맞은 영단어를 찾은 후 3번씩 빈칸에 써넣으세요.

neck	finger	toe	hair	leg

1 발가락 ________ ________ ________

2 머리카락 ________ ________ ________

3 다리 ________ ________ ________

4 목 ________ ________ ________

5 손가락 ________ ________ ________

B 단어를 잘 듣고 받아쓴 후, 우리말 뜻과 연결하세요. w06

6 ________ • • 머리

7 ________ • • 손

8 ________ • • 팔

9 ________ • • 발

10 ________ • • 어깨

DAY 07

Pets

pet pet

애완동물

dog dog

개

cat cat

고양이

rabbit rabbit

토끼

bird bird

새

fish fish

물고기

turtle turtle

거북

frog frog

개구리

snake snake

뱀

hamster hamster

햄스터

A 보기에서 알맞은 영단어를 찾은 후 3번씩 빈칸에 써넣으세요.

snake	pet	fish	cat	frog

1 고양이 ______ ______ ______

2 개구리 ______ ______ ______

3 물고기 ______ ______ ______

4 뱀 ______ ______ ______

5 애완동물 ______ ______ ______

B 단어를 잘 듣고 받아쓴 후, 우리말 뜻과 연결하세요. w07

6 ______ • • 토끼

7 ______ • • 새

8 ______ • • 거북

9 ______ • • 개

10 ______ • • 햄스터

DAY 08

Foods

rice rice

쌀, 쌀밥

bread bread

빵

jam jam

잼

sandwich sandwich

샌드위치

cheese cheese

치즈

butter butter

버터

tea tea

차

milk milk

우유

juice juice

주스

water water

물

A 보기에서 알맞은 영단어를 찾은 후 3번씩 빈칸에 써넣으세요.

butter	rice	tea	milk	jam

1 우유 ____________ ____________ ____________

2 버터 ____________ ____________ ____________

3 차 ____________ ____________ ____________

4 잼 ____________ ____________ ____________

5 쌀, 쌀밥 ____________ ____________ ____________

B 단어를 잘 듣고 받아쓴 후, 우리말 뜻과 연결하세요. w08

6 ____________ • • 주스

7 ____________ • • 빵

8 ____________ • • 물

9 ____________ • • 치즈

10 ____________ • • 샌드위치

DAY 09

Fruits

apple apple
사과

pear pear
배

peach peach
복숭아

orange orange
오렌지

grape grape
포도

strawberry strawberry
딸기

banana banana
바나나

kiwi kiwi
키위

lemon lemon
레몬

watermelon watermelon
수박

A 보기에서 알맞은 영단어를 찾은 후 3번씩 빈칸에 써넣으세요.

pear	orange	kiwi	apple	banana

1 오렌지 ______ ______ ______

2 바나나 ______ ______ ______

3 사과 ______ ______ ______

4 배 ______ ______ ______

5 키위 ______ ______ ______

B 단어를 잘 듣고 받아쓴 후, 우리말 뜻과 연결하세요. w09

6 ______ • • 복숭아

7 ______ • • 딸기

8 ______ • • 포도

9 ______ • • 수박

10 ______ • • 레몬

DAY 10

Vegetables

tomato tomato

토마토

carrot carrot

당근

potato potato

감자

sweet potato sweet potato

고구마

corn corn

옥수수

onion onion

양파

bean bean

콩

cabbage cabbage

양배추

cucumber cucumber

오이

pumpkin pumpkin

호박

보기에서 알맞은 영단어를 찾은 후 3번씩 빈칸에 써넣으세요.

corn	tomato	bean	carrot	onion

1 토마토 ______ ______ ______

2 옥수수 ______ ______ ______

3 콩 ______ ______ ______

4 양파 ______ ______ ______

5 당근 ______ ______ ______

B 단어를 잘 듣고 받아쓴 후, 우리말 뜻과 연결하세요. w10

6 ______ • • 고구마

7 ______ • • 양배추

8 ______ • • 감자

9 ______ • • 호박

10 ______ • • 오이

Farm animals

horse horse

말

rooster rooster

수탉

hen hen

암탉

sheep sheep

양

cow cow

암소, 젖소

goat goat

염소

duck duck

오리

goose goose

거위

pig pig

돼지

mouse mouse

쥐, 생쥐

A 보기에서 알맞은 영단어를 찾은 후 3번씩 빈칸에 써넣으세요.

goat pig hen mouse horse

1 암탉 ______ ______ ______

2 쥐, 생쥐 ______ ______ ______

3 말 ______ ______ ______

4 돼지 ______ ______ ______

5 염소 ______ ______ ______

B 단어를 잘 듣고 받아쓴 후, 우리말 뜻과 연결하세요. w11

6 ______ • • 수탉

7 ______ • • 거위

8 ______ • • 양

9 ______ • • 암소, 젖소

10 ______ • • 오리

Wild animals

tiger tiger
호랑이

lion lion
사자

elephant elephant
코끼리

bear bear
곰

gorilla gorilla
고릴라

monkey monkey
원숭이

alligator alligator
악어

wolf wolf
늑대

fox fox
여우

zebra zebra
얼룩말

보기에서 알맞은 영단어를 찾은 후 3번씩 빈칸에 써넣으세요.

fox zebra tiger bear monkey

1 곰 ______ ______ ______

2 호랑이 ______ ______ ______

3 원숭이 ______ ______ ______

4 여우 ______ ______ ______

5 얼룩말 ______ ______ ______

B 단어를 잘 듣고 받아쓴 후, 우리말 뜻과 연결하세요. w12

6 ______ • • 코끼리

7 ______ • • 늑대

8 ______ • • 사자

9 ______ • • 고릴라

10 ______ • • 악어

DAY 13

Look

new new

새로운

ugly ugly

못생긴

tall tall

키가 큰

fat fat

뚱뚱한

pretty pretty

예쁜

beautiful beautiful

아름다운

heavy heavy

무거운

light light

가벼운

bright bright

밝은

dark dark

어두운

보기에서 알맞은 영단어를 찾은 후 3번씩 빈칸에 써넣으세요.

fat	new	dark	pretty	ugly

1 예쁜 ______ ______ ______

2 못생긴 ______ ______ ______

3 뚱뚱한 ______ ______ ______

4 어두운 ______ ______ ______

5 새로운 ______ ______ ______

B 단어를 잘 듣고 받아쓴 후, 우리말 뜻과 연결하세요. w13

6 ______ • • 밝은

7 ______ • • 아름다운

8 ______ • • 키가 큰

9 ______ • • 가벼운

10 ______ • • 무거운

DAY 14 Colors

red red

빨간색의, 빨강

blue blue

파란색의, 파랑

yellow yellow

노란색의, 노랑

green green

녹색의, 녹색

purple purple

보라색의, 보라

pink pink

분홍색의, 핑크색의, 분홍

brown brown

갈색의, 갈색

gray gray

회색의, 회색

black black

검은색의, 검정

white white

흰색의, 하양

보기에서 알맞은 영단어를 찾은 후 3번씩 빈칸에 써넣으세요.

red	green	black	blue	gray

1 파란색의, 파랑 ________ ________ ________

2 빨간색의, 빨강 ________ ________ ________

3 회색의, 회색 ________ ________ ________

4 검은색의, 검정 ________ ________ ________

5 녹색의, 녹색 ________ ________ ________

B 단어를 잘 듣고 받아쓴 후, 우리말 뜻과 연결하세요. w14

6 ________ • • 흰색의, 하양

7 ________ • • 갈색의, 갈색

8 ________ • • 분홍색의, 분홍

9 ________ • • 노란색의, 노랑

10 ________ • • 보라색의, 보라

DAY 15

Clothes

clothes clothes

옷

shirt shirt

셔츠, 와이셔츠

blouse blouse

블라우스

skirt skirt

치마, 스커트

dress dress

드레스, (원피스형) 여성복

pants pants

바지

jeans jeans

청바지

jacket jacket

재킷, 짧은 웃옷

socks socks

양말

shoes shoes

신발

보기에서 알맞은 영단어를 찾은 후 3번씩 빈칸에 써넣으세요.

dress	socks	shirt	jeans	shoes

1 셔츠 ________ ________ ________

2 청바지 ________ ________ ________

3 양말 ________ ________ ________

4 드레스 ________ ________ ________

5 신발 ________ ________ ________

B 단어를 잘 듣고 받아쓴 후, 우리말 뜻과 연결하세요. w15

6 ________ • • 옷

7 ________ • • 바지

8 ________ • • 블라우스

9 ________ • • 재킷, 짧은 웃옷

10 ________ • • 치마, 스커트

DAY 16

Feelings

happy happy

행복한

sad sad

슬픈

glad glad

기쁜, 즐거운, 반가운

angry angry

화가 난

bored bored

지루한

excited excited

신 나는, 들뜬, 흥분한

sorry sorry

미안한

thank thank

~에게 감사하다

love love

사랑하다, 몹시 좋아하다

hate hate

몹시 싫어하다, 미워하다

보기에서 알맞은 영단어를 찾은 후 3번씩 빈칸에 써넣으세요.

sad	bored	thank	hate	glad

1 기쁜, 즐거운 ______ ______ ______

2 슬픈 ______ ______ ______

3 지루한 ______ ______ ______

4 몹시 싫어하다 ______ ______ ______

5 ~에게 감사하다 ______ ______ ______

B 단어를 잘 듣고 받아쓴 후, 우리말 뜻과 연결하세요. w16

6 ______ • • 미안한

7 ______ • • 행복한

8 ______ • • 사랑하다

9 ______ • • 화가 난

10 ______ • • 신 나는, 들뜬, 흥분한

DAY 17

School

school school

학교

class class

학급, 반

teacher teacher

교사, 선생님

student student

학생

friend friend

친구

blackboard blackboard

칠판

chalk chalk

분필

desk desk

책상

chair chair

의자

absent absent

결석한

A 보기에서 알맞은 영단어를 찾은 후 3번씩 빈칸에 써넣으세요.

friend class desk school absent

1 학급, 반 ______ ______ ______

2 결석한 ______ ______ ______

3 책상 ______ ______ ______

4 학교 ______ ______ ______

5 친구 ______ ______ ______

B 단어를 잘 듣고 받아쓴 후, 우리말 뜻과 연결하세요. w17

6 ______ • • 학생

7 ______ • • 칠판

8 ______ • • 교사, 선생님

9 ______ • • 분필

10 ______ • • 의자

School supplies

bag bag

가방

pencil pencil

연필

book book

책

textbook textbook

교과서

paper paper

종이

eraser eraser

지우개

ruler ruler

자

cutter cutter

칼

scissors scissors

가위

glue glue

풀, 접착제

A 보기에서 알맞은 영단어를 찾은 후 3번씩 빈칸에 써넣으세요.

cutter	pencil	paper	glue	book

1 연필 ______ ______ ______

2 칼 ______ ______ ______

3 책 ______ ______ ______

4 종이 ______ ______ ______

5 풀, 접착제 ______ ______ ______

B 단어를 잘 듣고 받아쓴 후, 우리말 뜻과 연결하세요. w18

6 ______ • • 가방

7 ______ • • 자

8 ______ • • 교과서

9 ______ • • 지우개

10 ______ • • 가위

DAY 19

Nature

sun sun

태양, 해

moon moon

달

star star

별

sky sky

하늘

mountain mountain

산

land land

땅, 육지

tree tree

나무

river river

강

lake lake

호수

sea sea

바다

A 보기에서 알맞은 영단어를 찾은 후 3번씩 빈칸에 써넣으세요.

sea tree sky river moon

1 달 ______ ______ ______

2 나무 ______ ______ ______

3 하늘 ______ ______ ______

4 강 ______ ______ ______

5 바다 ______ ______ ______

B 단어를 잘 듣고 받아쓴 후, 우리말 뜻과 연결하세요. w19

6 ______ • • 호수

7 ______ • • 산

8 ______ • • 별

9 ______ • • 태양, 해

10 ______ • • 땅, 육지

DAY 20

Weather

hot hot

뜨거운, 더운

cold cold

차가운, 추운

warm warm

따뜻한

cool cool

시원한

sunny sunny

맑은, 화창한

cloudy cloudy

흐린, 구름이 많은

foggy foggy

안개가 낀

windy windy

바람이 부는, 바람이 센

rainy rainy

비가 오는

snowy snowy

눈이 내리는

A 보기에서 알맞은 영단어를 찾은 후 3번씩 빈칸에 써넣으세요.

sunny	cool	snowy	windy	hot

1 눈이 내리는 ______ ______ ______

2 맑은, 화창한 ______ ______ ______

3 시원한 ______ ______ ______

4 뜨거운, 더운 ______ ______ ______

5 바람이 부는 ______ ______ ______

B 단어를 잘 듣고 받아쓴 후, 우리말 뜻과 연결하세요. w20

6 ______ • • 따뜻한

7 ______ • • 비가 오는

8 ______ • • 안개가 낀

9 ______ • • 차가운, 추운

10 ______ • • 흐린, 구름이 많은

DAY 21 Jobs

cook cook

요리사

doctor doctor

의사

nurse nurse

간호사

scientist scientist

과학자

farmer farmer

농부

police officer police officer

경찰관

writer writer

작가

artist artist

예술가, 화가

musician musician

음악가

model model

모델

A 보기에서 알맞은 영단어를 찾은 후 3번씩 빈칸에 써넣으세요.

cook　　artist　　nurse　　farmer　　police officer

1 예술가, 화가 ________ ________ ________

2 간호사 ________ ________ ________

3 경찰관 ________ ________ ________

4 농부 ________ ________ ________

5 요리사 ________ ________ ________

B 단어를 잘 듣고 받아쓴 후, 우리말 뜻과 연결하세요. w21

6 ________ • 　　• 의사

7 ________ • 　　• 모델

8 ________ • 　　• 작가

9 ________ • 　　• 과학자

10 ________ • 　　• 음악가

soccer soccer

축구

baseball baseball

야구

basketball basketball

농구

volleyball volleyball

배구

table tennis table tennis

탁구

tennis tennis

테니스

boxing boxing

권투, 복싱

inline skates inline skates

인라인스케이트

skate skate

스케이트를 타다

ski ski

스키를 타다

보기에서 알맞은 영단어를 찾은 후 3번씩 빈칸에 써넣으세요.

tennis	ski	soccer	boxing	basketball

1 권투, 복싱 ________ ________ ________

2 테니스 ________ ________ ________

3 농구 ________ ________ ________

4 축구 ________ ________ ________

5 스키를 타다 ________ ________ ________

B 단어를 잘 듣고 받아쓴 후, 우리말 뜻과 연결하세요. w22

6 ________ • • 야구

7 ________ • • 탁구

8 ________ • • 스케이트를 타다

9 ________ • • 배구

10 ________ • • 인라인스케이트

Transportation

road road

도로, 길

bicycle bicycle

자전거

motorcycle motorcycle

오토바이

car car

차, 자동차

bus bus

버스

truck truck

트럭

subway subway

지하철

train train

기차, 열차

ship ship

배, 여객선

airplane airplane

비행기

보기에서 알맞은 영단어를 찾은 후 3번씩 빈칸에 써넣으세요.

train	road	ship	car	truck

1 배, 여객선 ______ ______ ______

2 기차, 열차 ______ ______ ______

3 트럭 ______ ______ ______

4 차, 자동차 ______ ______ ______

5 도로, 길 ______ ______ ______

B 단어를 잘 듣고 받아쓴 후, 우리말 뜻과 연결하세요. w23

6 ______ • • 비행기

7 ______ • • 오토바이

8 ______ • • 버스

9 ______ • • 자전거

10 ______ • • 지하철

DAY 24

House

house house

집

roof roof

지붕

window window

창문

door door

문

room room

방

living room living room

거실

bedroom bedroom

침실

bathroom bathroom

욕실, 목욕탕

kitchen kitchen

부엌

elevator elevator

승강기, 엘리베이터

A 보기에서 알맞은 영단어를 찾은 후 3번씩 빈칸에 써넣으세요.

door	bedroom	house	living room	elevator

1 거실 ______ ______ ______

2 문 ______ ______ ______

3 침실 ______ ______ ______

4 집 ______ ______ ______

5 승강기 ______ ______ ______

B 단어를 잘 듣고 받아쓴 후, 우리말 뜻과 연결하세요. w24

6 ______ • • 욕실, 목욕탕

7 ______ • • 지붕

8 ______ • • 창문

9 ______ • • 방

10 ______ • • 부엌

Living room

curtain curtain

커튼

sofa sofa

소파

table table

탁자, 테이블

newspaper newspaper

신문

radio radio

라디오

television television

텔레비전

telephone telephone

전화기, 전화

picture picture

그림, 사진

clock clock

시계

floor floor

바닥, 마루

A 보기에서 알맞은 영단어를 찾은 후 3번씩 빈칸에 써넣으세요.

clock radio sofa picture television

1 시계 ______ ______ ______

2 텔레비전 ______ ______ ______

3 그림, 사진 ______ ______ ______

4 라디오 ______ ______ ______

5 소파 ______ ______ ______

B 단어를 잘 듣고 받아쓴 후, 우리말 뜻과 연결하세요. w25

6 ______ • • 커튼

7 ______ • • 전화기, 전화

8 ______ • • 탁자, 테이블

9 ______ • • 바닥, 마루

10 ______ • • 신문

DAY 26

Bedroom

bed bed

침대

pillow pillow

베개

blanket blanket

담요

lamp lamp

램프, 조명

closet closet

옷장

drawer drawer

서랍

globe globe

지구본

computer computer

컴퓨터

photo photo

사진

fan fan

선풍기

A 보기에서 알맞은 영단어를 찾은 후 3번씩 빈칸에 써넣으세요.

photo	bed	globe	lamp	computer

1 컴퓨터 ______ ______ ______

2 램프, 조명 ______ ______ ______

3 사진 ______ ______ ______

4 지구본 ______ ______ ______

5 침대 ______ ______ ______

B 단어를 잘 듣고 받아쓴 후, 우리말 뜻과 연결하세요. w26

6 ______ • • 베개

7 ______ • • 선풍기

8 ______ • • 서랍

9 ______ • • 담요

10 ______ • • 옷장

DAY 27

Bathroom

mirror mirror
거울

soap soap
비누

shampoo shampoo
샴푸

comb comb
빗, 빗다

toothbrush toothbrush
칫솔

toothpaste toothpaste
치약

bathtub bathtub
욕조

toilet toilet
변기

shower shower
샤워, 샤워기

towel towel
수건, 타월

A 보기에서 알맞은 영단어를 찾은 후 3번씩 빈칸에 써넣으세요.

toilet   soap   comb   towel   toothbrush

1 변기 ______ ______ ______

2 칫솔 ______ ______ ______

3 빗, 빗다 ______ ______ ______

4 수건, 타월 ______ ______ ______

5 비누 ______ ______ ______

B 단어를 잘 듣고 받아쓴 후, 우리말 뜻과 연결하세요. w27

6 ______ • • 거울

7 ______ • • 욕조

8 ______ • • 샴푸

9 ______ • • 치약

10 ______ • • 샤워, 샤워기

DAY 28

Kitchen

spoon spoon

숟가락, 스푼

fork fork

포크

knife knife

칼, 나이프

chopsticks chopsticks

젓가락

plate plate

접시, 요리

cup cup

컵, 찻잔, 한 잔

kettle kettle

주전자

stove stove

가스레인지, 난로, 스토브

sink sink

싱크대

refrigerator refrigerator

냉장고

A 보기에서 알맞은 영단어를 찾은 후 3번씩 빈칸에 써넣으세요.

cup	fork	refrigerator	sink	spoon

1 냉장고 ____________ ____________ ____________

2 컵 ____________ ____________ ____________

3 숟가락, 스푼 ____________ ____________ ____________

4 싱크대 ____________ ____________ ____________

5 포크 ____________ ____________ ____________

B 단어를 잘 듣고 받아쓴 후, 우리말 뜻과 연결하세요. w28

6 ____________ • • 주전자

7 ____________ • • 접시, 요리

8 ____________ • • 가스레인지, 난로

9 ____________ • • 칼, 나이프

10 ____________ • • 젓가락

DAY 29

Things

ball ball

공

doll doll

인형

toy toy

장난감, 완구

box box

상자, 박스

ribbon ribbon

리본, 띠

umbrella umbrella

우산

key key

열쇠, 키

vase vase

꽃병, 병

glasses glasses

안경

ring ring

반지

A 보기에서 알맞은 영단어를 찾은 후 3번씩 빈칸에 써넣으세요.

toy ring key box glasses

1 안경 ____ ____ ____

2 장난감, 완구 ____ ____ ____

3 반지 ____ ____ ____

4 상자, 박스 ____ ____ ____

5 열쇠, 키 ____ ____ ____

B 단어를 잘 듣고 받아쓴 후, 우리말 뜻과 연결하세요. w29

6 ____ • • 꽃병, 병

7 ____ • • 우산

8 ____ • • 인형

9 ____ • • 공

10 ____ • • 리본, 띠

Act

go go

가다

come come

오다

meet meet

만나다

stop stop

멈추다, 중지하다

stand stand

서다, 서 있다

sit sit

앉다

open open

열다

close close

닫다

like like

~을 좋아하다

have have

가지다, 먹다

A 보기에서 알맞은 영단어를 찾은 후 3번씩 빈칸에 써넣으세요.

sit　have　go　meet　close

1 가다 ______ ______ ______

2 앉다 ______ ______ ______

3 닫다 ______ ______ ______

4 만나다 ______ ______ ______

5 가지다, 먹다 ______ ______ ______

B 단어를 잘 듣고 받아쓴 후, 우리말 뜻과 연결하세요. w30

6 ______ • 　　• 열다

7 ______ • 　　• ~을 좋아하다

8 ______ • 　　• 서다, 서 있다

9 ______ • 　　• 오다

10 ______ • 　　• 멈추다, 중지하다

(MEMO)

1-2
학년용

NEXUS Edu

본책 정답

Day 01

A **1** family **2** grandparents **3** grandfather **4** grandmother **5** parents **6** father **7** mother **8** brother **9** sister **10** together

B **1** father **2** mother **3** brother **4** sister

C **1** parents **2** together **3** grandfather **4** grandparents **5** family **6** grandmother

D **1** parents **2** family **3** grandparents **4** brother **5** grandfather **6** together **7** grandmother **8** mother **9** father **10** sister

E brother, mother, father, sister, family

Day 02

A **1** Hi **2** Nice **3** Bye **4** good **5** morning **6** afternoon **7** evening **8** night **9** fine **10** okay

B **1** morning **2** nice **3** evening **4** night

C **1** fine **2** okay **3** hi **4** good **5** bye **6** afternoon

D **1** evening **2** bye **3** hi **4** night **5** good **6** morning **7** okay **8** afternoon **9** fine **10** nice

E bye, morning, afternoon, evening, night

Day 03

A **1** one **2** two **3** three **4** four **5** five **6** six **7** seven **8** eight **9** nine **10** ten

B **1** four **2** nine **3** seven **4** ten

C **1** three **2** six **3** one **4** five **5** eight **6** two

D **1** three **2** one **3** five **4** two **5** ten **6** four **7** eight **8** six **9** seven **10** nine

E three, four, two, nine, eight

Day 04

A **1** I **2** You **3** He **4** She **5** We **6** They **7** It **8** This **9** That **10** Everyone

B **1** they **2** she **3** this **4** everyone

C **1** I **2** it **3** he **4** that **5** we **6** you

D **1** It **2** I **3** This **4** You **5** She **6** Everyone **7** We **8** He **9** They **10** That

E He, We, It, This, Everyone

Day 05

A **1** face **2** eyebrow **3** eye **4** nose **5** ear **6** mouth **7** lip **8** teeth **9** cheek **10** chin

B **1** face **2** mouth **3** cheek **4** eye

C **1** ear **2** tooth **3** chin **4** nose **5** eyebrow **6** lip

D **1** face **2** chin **3** eyebrows **4** teeth **5** eyes **6** mouth **7** lips **8** nose **9** cheeks **10** ears

E ears, nose, teeth, eyes, face

Day 06

A **1** hair **2** head **3** neck **4** shoulder **5** arm **6** hand **7** finger **8** leg **9** foot **10** toe

B **1** hair **2** hand **3** foot **4** neck

C **1** head **2** arm **3** shoulder **4** finger **5** leg **6** toe

D **1** hair **2** head **3** neck **4** shoulder **5** arms **6** hands **7** fingers **8** legs **9** foot **10** toes

E hands, foot, fingers, toes, legs

Day 07

A **1** pet **2** dog **3** cat **4** rabbit **5** Bird **6** Fish **7** turtle **8** frog **9** snake **10** hamster

B **1** bird **2** snake **3** rabbit **4** dog

C **1** fish **2** cat **3** pet **4** hamster **5** turtle **6** frog

D **1** pet **2** dog **3** cat **4** hamsters **5** birds **6** fish **7** turtle **8** frog **9** snake **10** rabbit

E rabbit, cat, snake, dog, hamster

Day 08

A **1** rice **2** bread **3** jam **4** sandwich **5** cheese **6** butter **7** tea **8** milk **9** juice **10** water

B **1** butter **2** milk **3** juice **4** bread

C **1** rice **2** tea **3** sandwich **4** cheese **5** water **6** jam

D **1** rice **2** bread **3** jam **4** sandwich **5** cheese **6** butter **7** tea **8** milk **9** juice **10** water

E rice, sandwich, bread, cheese, juice

Day 09

A **1** apple **2** pear **3** peach **4** orange **5** grape **6** strawberry / strawberries / strawberries **7** banana **8** kiwi **9** lemon **10** watermelon

B **1** apple **2** banana **3** peach **4** watermelon

C **1** pear **2** grape **3** strawberry **4** lemon **5** orange **6** kiwi

D **1** apple **2** grapes **3** pear **4** orange **5** strawberries **6** kiwi **7** peaches **8** lemon **9** bananas **10** Watermelons

E apples, bananas, watermelons, strawberries, lemons

Day 10

A **1** tomato **2** carrot **3** potato **4** sweet potato **5** corn **6** onion **7** bean **8** cabbage **9** cucumber **10** pumpkin

B **1** onion **2** corn **3** potato **4** bean

C **1** tomato **2** carrot **3** sweet potato **4** cucumber **5** pumpkin **6** cabbage

D **1** cabbage **2** tomato **3** carrots **4** sweet potatoes **5** pumpkin **6** Corn **7** beans **8** cucumbers **9** onions **10** potatoes

E sweet potatoes, onions, cucumbers, a potato, a pumpkin

Day 11

A **1** horse **2** rooster **3** hen **4** sheep **5** cow **6** goat **7** duck **8** goose **9** pig **10** mouse

B **1** horse **2** sheep **3** goat **4** mouse

C **1** cow **2** duck **3** rooster **4** goose **5** hen **6** pig

D **1** horse **2** rooster **3** hen **4** sheep **5** cows **6** goat **7** ducks **8** goose **9** pig **10** mouse

E duck, pig, goat, cow, horse

Day 12

A **1** tiger **2** lion **3** elephant **4** bear **5** gorilla **6** monkey **7** alligator **8** wolf **9** fox **10** zebra

B **1** monkey **2** tiger **3** wolf **4** lion

C **1** gorilla **2** fox **3** elephant **4** alligator **5** bear **6** zebra

D **1** zebra **2** tiger **3** lion **4** gorilla **5** monkey **6** bear **7** fox **8** alligator **9** wolf **10** elephants

E gorilla, alligator, elephant, zebra, monkey

Day 13

A **1** new **2** ugly **3** tall **4** fat **5** pretty **6** beautiful **7** heavy **8** light **9** bright **10** dark

B **1** tall **2** pretty **3** light **4** ugly

C **1** dark **2** fat **3** bright **4** beautiful **5** heavy **6** new

D **1** light **2** fat **3** new **4** ugly **5** pretty **6** tall **7** bright **8** beautiful **9** heavy **10** dark

E new, tall, pretty, light, dark

Day 14

A **1** red **2** blue **3** yellow **4** green **5** purple **6** pink **7** brown **8** gray **9** black **10** white

B **1** black **2** blue **3** green **4** brown

C **1** pink **2** white **3** yellow **4** purple **5** red **6** gray

D **1** green **2** brown **3** yellow **4** white **5** red **6** blue **7** pink **8** Purple **9** gray **10** black

E green, blue, red, black, yellow

Day 15

A **1** clothes **2** shirt **3** blouse **4** skirt **5** dress **6** pants **7** jeans **8** jacket **9** socks **10** shoes

B **1** shirt **2** dress **3** socks **4** jeans

C **1** shoes **2** skirt **3** clothes **4** jacket **5** blouse **6** pants

D **1** shirt **2** dress **3** clothes **4** blouse **5** skirts **6** jeans **7** socks **8** jacket **9** shoes **10** pants

E a blouse, pants, a dress, a jacket, clothes

Day 16

A **1** happy **2** sad **3** glad **4** angry **5** bored **6** excited **7** sorry **8** Thank **9** love **10** hate

B **1** glad **2** bored **3** love **4** sorry

C **1** happy **2** sad **3** excited **4** angry **5** thank **6** hate

D **1** bored **2** sorry **3** happy **4** hates **5** sad **6** angry **7** glad **8** Thank **9** excited **10** loves

E bored, excited, happy, thank, love

Day 17

A **1** school **2** class **3** teacher **4** student **5** friend **6** blackboard **7** chalk **8** desk **9** chair **10** absent

B **1** class **2** teacher **3** absent **4** desk

C **1** school **2** chalk **3** blackboard **4** student **5** friend **6** chair

D **1** school **2** chair **3** chalk **4** teacher **5** class **6** friends **7** student **8** desk **9** absent **10** blackboard

E school, teacher, student, friend, desk

Day 18

A **1** bag **2** pencil **3** book **4** textbook **5** paper **6** eraser **7** ruler **8** cutter **9** scissors **10** glue

B **1** ruler **2** paper **3** bag **4** glue

C **1** cutter **2** eraser **3** scissors **4** textbook **5** pencil **6** book

D **1** cutter **2** erasers **3** bag **4** textbook **5** glue **6** pencil **7** scissors **8** book **9** paper **10** ruler

E pencils, paper, eraser, scissors, ruler

Day 19

A **1** sun **2** moon **3** star **4** sky **5** mountain **6** land **7** tree **8** river **9** lake **10** sea

B **1** moon **2** lake **3** river **4** sun

C **1** sky **2** tree **3** mountain **4** land **5** star **6** sea

D **1** moon **2** sun **3** star **4** land **5** river **6** sky **7** tree **8** lake **9** mountain **10** sea

E sun, stars, mountain, sea, lake

Day 20

A **1** hot **2** cold **3** warm **4** cool **5** sunny **6** cloudy **7** foggy **8** windy **9** rainy **10** snowy

B **1** cool **2** sunny **3** windy **4** hot

C **1** foggy **2** rainy **3** cloudy **4** snowy **5** warm **6** cold

D **1** warm **2** hot **3** sunny **4** foggy **5** cold **6** cool **7** rainy **8** cloudy **9** windy **10** snowy

E sunny, warm, cool, windy, snowy

Day 21

A **1** cook **2** doctor **3** nurse **4** scientist **5** farmer **6** police officer **7** writer **8** artist **9** musician **10** model

B **1** nurse **2** police officer **3** model **4** cook

C **1** doctor **2** writer **3** musician **4** scientist **5** farmer **6** artist

D **1** cook **2** writer **3** farmer **4** police officer **5** nurse **6** scientist **7** model **8** doctor **9** artist **10** musician

E Cooks, Nurses, Police officers, Musicians, Models

Day 22

A **1** soccer **2** baseball **3** basketball **4** volleyball **5** table tennis **6** tennis **7** boxing **8** inline skates **9** skate **10** ski

B **1** tennis **2** inline skates **3** baseball **4** table tennis

C **1** soccer **2** boxing **3** volleyball **4** basketball **5** skate **6** ski

D **1** ski **2** Volleyball **3** Basketball **4** tennis **5** Table tennis **6** inline skates **7** boxing **8** baseball **9** skate **10** soccer

E tennis, soccer, baseball, volleyball, basketball

Day 23

A **1** road **2** bicycle **3** motorcycle **4** car **5** bus **6** truck **7** subway **8** train **9** ship **10** airplane

B **1** subway **2** truck **3** ship **4** road

C **1** train **2** bus **3** motorcycle **4** airplane **5** car **6** bicycle

D **1** car **2** motorcycle **3** road **4** bicycle **5** ship **6** bus **7** train **8** truck **9** subway **10** airplane

E bicycle, subway, car, airplane, bus

Day 24

A **1** house **2** roof **3** window **4** door **5** room **6** living room **7** bedroom **8** bathroom **9** kitchen **10** elevator

B **1** house **2** window **3** bedroom **4** kitchen

C **1** elevator **2** door **3** living room **4** bathroom **5** roof **6** room

D **1** room **2** kitchen **3** house **4** window **5** door **6** bedroom **7** bathrooms **8** elevator **9** living room **10** roof

E windows, door, living room, bathroom, kitchen

Day 25

A **1** curtain **2** sofa **3** table **4** newspaper **5** radio **6** television **7** telephone **8** picture **9** clock **10** floor

B **1** sofa **2** table **3** telephone **4** clock

C **1** picture **2** floor **3** television **4** newspaper **5** radio **6** curtain

D **1** sofa **2** floor **3** curtain **4** television **5** picture **6** table **7** clock **8** radio **9** telephone **10** newspaper

E sofa, table, newspaper, pictures, floor

Day 26

A **1** bed **2** pillow **3** blanket **4** lamp **5** closet **6** drawer **7** globe **8** computer **9** photo **10** fan

B **1** lamp **2** bed **3** photo **4** globe

C **1** pillow **2** drawer **3** blanket **4** computer **5** closet **6** fan

D **1** bed **2** photo **3** pillow **4** computer **5** globe **6** lamp **7** drawer **8** fan **9** blanket **10** closet

E bed, blanket, drawer, computer, photo

Day 27

A **1** mirror **2** soap **3** shampoo **4** comb **5** toothbrush **6** toothpaste **7** bathtub **8** toilet **9** shower **10** towel

B **1** soap **2** towel **3** toilet **4** comb

C **1** mirror **2** shower **3** toothpaste **4** toothbrush **5** bathtub **6** shampoo

D **1** shampoo **2** toilet **3** towel **4** comb **5** bathtub **6** toothbrush **7** mirror **8** soap **9** shower **10** toothpaste

E mirror, soap, bathtub, toilet, shower

Day 28

A **1** spoon **2** fork **3** knife **4** chopsticks **5** plate **6** cup **7** kettle **8** stove **9** sink **10** refrigerator

B **1** sink **2** cup **3** fork **4** refrigerator

C **1** knife **2** plate **3** spoon **4** chopsticks **5** kettle **6** stove

D **1** fork **2** knife **3** spoon **4** cup **5** sink **6** chopsticks **7** plate **8** kettle **9** stove **10** refrigerator

E spoon, knife, plates, cup, refrigerator

Day 29

A **1** ball **2** doll **3** toy **4** box **5** ribbon
6 umbrella **7** key **8** vase **9** glasses **10** ring

B **1** vase **2** ribbon **3** ring **4** doll

C **1** key **2** toy **3** ball **4** umbrella **5** box
6 glasses

D **1** ball **2** doll **3** glasses **4** ring **5** box
6 key **7** toys **8** ribbon **9** vase **10** umbrella

E doll, box, umbrella, key, glasses

Day 30

A **1** go **2** come **3** meet **4** stop **5** stand **6** sit
7 open **8** close **9** like **10** have

B **1** open **2** have **3** stand **4** come

C **1** sit **2** meet **3** close **4** like **5** stop **6** go

D **1** have **2** meet **3** like **4** stops **5** stand
6 sit **7** go **8** come **9** open **10** close

E go, meet, open, close, have

Day 01

A **1** grandfather **2** brother **3** family **4** sister
5 father

B **6** parents – 부모 **7** mother – 엄마
8 grandparents – 조부모
9 together – 함께, 같이
10 grandmother – 할머니

Day 02

A **1** bye **2** okay **3** night **4** afternoon **5** good

B **6** fine – 괜찮은, 좋은 **7** evening – 저녁
8 nice – 좋은, 즐거운, 반가운
9 morning – 아침, 오전 **10** hi – 안녕

Day 03

A **1** four **2** nine **3** two **4** six **5** eight

B **6** three – 셋의, 세 개 **7** one – 하나의, 한 개
8 seven – 일곱의, 일곱 개 **9** ten – 열의, 열 개
10 five – 다섯의, 다섯 개

Day 04

A **1** we **2** it **3** he **4** you **5** this

B **6** I – 나 **7** everyone – 모두 **8** that – 저것
9 they – 그들 **10** she – 그녀

Day 05

A **1** eye **2** lip **3** face **4** chin **5** mouth

B **6** eyebrow – 눈썹 **7** tooth – 이, 치아
8 nose – 코 **9** cheek – 뺨, 볼 **10** ear – 귀

Day 06

A **1** toe **2** hair **3** leg **4** neck **5** finger

B **6** hand – 손 **7** foot – 발 **8** head – 머리
9 shoulder – 어깨 **10** arm – 팔

Day 07

A **1** cat **2** frog **3** fish **4** snake **5** pet

B **6** dog – 개 **7** hamster – 햄스터
8 rabbit – 토끼 **9** bird – 새 **10** turtle – 거북

Day 08

A **1** milk **2** butter **3** tea **4** jam **5** rice

B **6** water – 물 **7** bread – 빵 **8** cheese – 치즈
9 juice – 주스 **10** sandwich – 샌드위치

Day 09

A **1** orange **2** banana **3** apple **4** pear
5 kiwi

B **6** watermelon – 수박 **7** lemon – 레몬
8 grape – 포도 **9** strawberry – 딸기
10 peach – 복숭아

Day 10

A **1** tomato **2** corn **3** bean **4** onion **5** carrot

B **6** sweet potato – 고구마
7 pumpkin – 호박 **8** cabbage – 양배추
9 potato – 감자 **10** cucumber – 오이

Day 11

A **1** hen **2** mouse **3** horse **4** pig **5** goat

B **6** duck – 오리 **7** rooster – 수탉 **8** sheep – 양
9 goose – 거위 **10** cow – 암소, 젖소

Day 12

A **1** bear **2** tiger **3** monkey **4** fox **5** zebra

B **6** wolf – 늑대 **7** elephant – 코끼리
8 gorilla – 고릴라 **9** alligator – 악어
10 lion – 사자

Day 13

A **1** pretty **2** ugly **3** fat **4** dark **5** new

B **6** tall – 키가 큰 **7** beautiful – 아름다운
8 bright – 밝은 **9** light – 가벼운
10 heavy – 무거운

Day 14

A **1** blue **2** red **3** gray **4** black **5** green

B **6** brown – 갈색의, 갈색
7 yellow – 노란색의, 노랑 **8** white – 흰색의, 하양
9 purple – 보라색의, 보라
10 pink – 분홍색의, 분홍

Day 15

A **1** shirt **2** jeans **3** socks **4** dress **5** shoes

B **6** skirt – 치마, 스커트 **7** blouse – 블라우스
8 clothes – 옷 **9** jacket – 재킷, 짧은 웃옷
10 pants – 바지

Day 16

A **1** glad **2** sad **3** bored **4** hate **5** thank

B **6** happy – 행복한 **7** angry – 화가 난
8 sorry – 미안한
9 excited – 신 나는, 들뜬, 흥분한
10 love – 사랑하다

Day 17

A **1** class **2** absent **3** desk **4** school
5 friend

B **6** student – 학생 **7** chalk – 분필
8 chair – 의자 **9** teacher – 교사, 선생님
10 blackboard – 칠판

Day 18

A **1** pencil **2** cutter **3** book **4** paper **5** glue

B **6** eraser – 지우개 **7** textbook – 교과서
8 ruler – 자 **9** bag – 가방 **10** scissors – 가위

Day 19

A **1** moon **2** tree **3** sky **4** river **5** sea

B **6** mountain – 산 **7** lake – 호수
8 sun – 태양, 해 **9** land – 땅, 육지 **10** star – 별

Day 20

A **1** snowy **2** sunny **3** cool **4** hot **5** windy

B **6** cloudy – 흐린, 구름이 많은 **7** rainy – 비가 오는
8 warm – 따뜻한 **9** foggy – 안개가 낀
10 cold – 차가운, 추운

Day 21

A **1** artist **2** nurse **3** police officer **4** farmer
5 cook

B **6** doctor – 의사 **7** scientist – 과학자
8 writer – 작가 **9** model – 모델
10 musician – 음악가

Day 22

A **1** boxing **2** tennis **3** basketball **4** soccer
5 ski

B **6** inline skates – 인라인스케이트
7 table tennis – 탁구 **8** baseball – 야구
9 skate – 스케이트를 타다 **10** volleyball – 배구

Day 23

A **1** ship **2** train **3** truck **4** car **5** road

B **6** motorcycle – 오토바이 **7** bus – 버스
8 subway – 지하철 **9** bicycle – 자전거
10 airplane – 비행기

Day 24

A **1** living room **2** door **3** bedroom **4** house
5 elevator

B **6** window – 창문 **7** roof – 지붕
8 bathroom – 욕실, 목욕탕 **9** kitchen – 부엌
10 room – 방

Day 25

A **1** clock **2** television **3** picture **4** radio **5** sofa

B **6** curtain – 커튼 **7** floor – 바닥, 마루
8 table – 탁자, 테이블 **9** newspaper – 신문
10 telephone – 전화기, 전화

Day 26

A **1** computer **2** lamp **3** photo **4** globe
5 bed

B **6** fan – 선풍기 **7** closet – 옷장 **8** pillow – 베개
9 drawer – 서랍 **10** blanket – 담요

Day 27

A **1** toilet **2** toothbrush **3** comb **4** towel
5 soap

B **6** bathtub – 욕조 **7** shower – 샤워, 샤워기
8 mirror – 거울 **9** toothpaste – 치약
10 shampoo – 샴푸

Day 28

A **1** refrigerator **2** cup **3** spoon **4** sink
5 fork

B **6** plate – 접시, 요리 **7** stove – 가스레인지, 난로
8 knife – 칼, 나이프 **9** kettle – 주전자
10 chopsticks – 젓가락

Day 29

A **1** glasses **2** toy **3** ring **4** box **5** key

B **6** vase – 꽃병, 병 **7** ball – 공
8 ribbon – 리본, 띠 **9** umbrella – 우산
10 doll – 인형

Day 30

A **1** go **2** sit **3** close **4** meet **5** have

B **6** stop – 멈추다, 중지하다 **7** come – 오다
8 open – 열다 **9** like – ~을 좋아하다
10 stand – 서다, 서 있다

(MEMO)